AF579762

NACIDO DEL CORAZÓN

ExLibric

FERNANDO PRIOR CASTRO

NACIDO DEL CORAZÓN

EXLIBRIC
ANTEQUERA 2023

NACIDO DEL CORAZÓN

Diseño de portada: Dpto. de Diseño Gráfico Exlibric

Iª edición

Editado por: ExLibric
c/ Cueva de Viera, 2, Local 3
Centro Negocios CADI
29200 Antequera (Málaga)
Teléfono: 952 70 60 04
Fax: 952 84 55 03
Correo electrónico: exlibric@exlibric.com
Internet: www.exlibric.com

ISBN: 978-84-10076-18-1
Depósito Legal: MA 1527-2023

Nota de la editorial: ExLibric pertenece a Innovación y Cualificación S. L.

FERNANDO PRIOR CASTRO

NACIDO DEL CORAZÓN

La felicidad depende del amor que damos.

Este libro está dedicado a mis padres,
a mi esposa y a mis hijos y nietos.

Prólogo

El escritor y ornitólogo barroco Andrés Ferrer de Valdecebro afirmó en el libro *El porqué de todas las cosas* que lo mejor del hombre es la vida y lo mejor de la vida, el corazón. Aunque los nuevos avances científicos ya habían comenzado a demostrar que el órgano principal, como se creyó desde Aristóteles, no era el corazón, sino el cerebro, la literatura y el arte, sobre todo con la llegada del Romanticismo, habrían de reservar ese protagonismo, siquiera figuradamente, para el corazón.

Como bien indica su título, *Nacido del corazón,* del poeta y maestro cordobés Fernando Prior Castro, se adscribe a una tradición poética cardial que equipara corazón con sentimiento y que otorga al poeta una capacidad especial para atesorar y traducir ese sentimiento en palabras. Bécquer, al que este libro, no por caso, homenajea en diversas ocasiones, lo dijo clara y sucintamente en su poética: «La poesía es el sentimiento», y sólo a los poetas «les es dado el guardar, como un tesoro, la memoria viva de lo que han sentido». Sentimiento, por tanto, pero también memoria y vida, otros dos conceptos fundamentales para entender este libro nacido del corazón que aspira a ser, al mismo tiempo, antológico y nuevo, recuperando para el presente lo ya vivido, sentido y escrito e insinuando así que la poesía, esa «indefinible esencia», por seguir con Bécquer, es siempre otra y siempre la misma.

La poética que encapsula el título de este libro apunta, además, una forma y un tono precisos, pues todo lo que nace del corazón, suponemos, ha de ser natural y sincero. Uno de los grandes méritos de este libro consiste, precisamente, en la naturalidad que su autor logra imprimir a unas formas métricas que tienen poco de naturales, pues todas ellas (sonetos, odas, romances, décimas, incluso los diversos poemas en prosa que en él aparecen) responden a reglas preconcebidas, lo cual demuestra no sólo un fino conocimiento de la tradición poética castellana, sino también una gran facilidad para transformar esa tradición en voz única. En cuanto a la sinceridad, eso es algo que tendrán que decidir por sí mismos los lectores. Me atrevería a adelantar, sin embargo, que este es un libro que pide ser leído, o más bien, escuchado, sin prisas, con la disposición y confianza que merece una confesión.

Nacido del corazón, no esconde sus fuentes, sino que las señala y celebra. En un libro marcado por un hondo sentimiento de gratitud (abundan los poemas encomiásticos, el elogio), ese gesto de reconocimiento adquiere una especial relevancia: lo que se celebra en los poemas dedicados a Lorca o a Miguel Hernández o en aquellos otros en los que, de manera intertextual, la voz poética regresa a Manrique y Garcilaso («Cuando pienso en la vida»), a los poetas del romancero («Por la mañana temprano»), a Góngora («Canto a Córdoba»), o a Bécquer («Cerré yo sus ojos») es la trascendencia de la literatura, concebida como un modo de vida y conocimiento, y no como un simple vehículo de expresión.

Entre las voces que resuenan en la voz de *Nacido del corazón,* la de Antonio Machado me llega con especial fuerza. Tal vez porque el poeta sevillano, como Prior Castro, también fue maestro y defendió en su obra la importancia de la educación en la construcción de un compromiso social y ético («Obrad siempre con justicia / con amor y con verdad», escribe el autor cordobés en «A séptimo nivel. Grupo A»), o tal vez porque Machado, como Prior Castro, también perteneció a esa tradición poética cardial a la que me refería más arriba. Prior Castro nos recuerda ese corazón de Machado en uno de los poemas que mejor resumen su libro, «Anoche estuve soñando», en el que es imposible no escuchar el «Anoche cuando dormía» machadiano. En ese poema, recordemos, Machado soñaba que su corazón contenía una fuente, que él interpretaba como la pulsión de una nueva vida; una colmena, en la que las amarguras pasadas se convertían en miel; y un sol cegador, capaz de hacer llorar con su relumbre, pero también de calentar un hogar. Como el de Machado, el sueño de Prior Castro despide una luz positiva, optimista, y esa luz se proyecta sobre todo el libro en los numerosísimos poemas de alabanza y gratitud en los que el autor va componiendo su autobiografía poética. Ahí están, por ejemplo, los sentidos poemas a los padres, a la compañera, a los hijos, a los nietos, a los amigos, a los alumnos, pero también a los pueblos y ciudades donde se ha vivido y trabajado (Córdoba y sus pueblos), al paisaje andaluz y a la Naturaleza, con mayúsculas.

Por supuesto que el poema-sueño de Machado no terminaba con el sol. Me he guardado para el final la última estrofa porque en ella, creo, encontramos otra de las claves que conforman la voz poética de *Nacido del corazón*. El poema de Machado terminaba así: *«Anoche cuando dormía / soñé ¡bendita ilusión! / que era Dios lo que tenía / dentro de mi corazón»*. La presencia o el anhelo de Dios ocupa, efectivamente, un lugar importante en el libro de Prior Castro. Esa presencia se manifiesta en distintas maneras y tonos, desde los ecos del Cantar de los Cantares en la sublimación del amor en los poemas a la esposa *(«Amas la tierra y tus senos son montañas rodeadas de navas y de valles»)* y el aliento de San Juan de la Cruz en la celebración panteísta de la naturaleza *(«¡Por valles y collados, / crecen bosques espesos y frondosos / de árboles poblados...»),* a la constatación de la crisis religiosa *(«¡Escúchame, Señor / y rompe tu silencio!»)* y la renovación, desde lo social, de una religiosidad más cercana al Evangelio *(«... he de buscar tu rostro cada día / en los pobres, parados y sin techo¡ / ¡Las personas humildes y sencillas / son tu mejor sagrario, son tu templo!»).*

No perdamos de vista, sin embargo, que tanto Machado como Prior Castro sueñan, y que el optimismo que esos sueños proyectan sobre sus vidas va necesariamente teñido del carácter efímero propio del sueño. Ese ángulo más inestable explica poemas como «A veces me siento vacío», «Cuando pase la hecatombe», «El dolor», «Me siento solo», «Tengo mi corazón roto», «Vigilia nocturna» o los que se dedican a la muerte de amigos («Compañero Manolo») y padres. Hay, desde luego, desesperación y dolor en esos poemas, a veces paliados con la fe o con la dedicación a los demás, pero su presencia en el libro no contradice el tono celebrativo y positivo del conjunto, sino que lo hace más humano y creíble, más cercano a la experiencia del lector.

Para concluir, me gustaría volver a la cita con la que empezaba este prólogo y en la que Ferrer de Valdecebro defendía la centralidad del corazón en la vida humana. Esa cita continúa así: «Vive el cuerpo con la vida del corazón. Vive el espíritu con la vida del alma. Esta vida es eterna, aquella vida se acaba. Démosle algo al corazón de lo eterno, pues él nos da tanto de lo temporal». Fernando Prior Castro ofrece al corazón, a su vida, sus poemas. Tal vez nada sea eterno, pero la poesía, como bien demuestra *Nacido del corazón,* insiste en perdurar.

No estaría completo este prólogo sin una breve nota de agradecimiento al autor. Yo tuve la suerte de ser uno de esos alumnos de séptimo nivel, grupo A, a los que él se dirige en uno de sus sonetos. En esos años de escuela, y gracias a él, descubrí la literatura. No me resulta exagerado decir que todo lo que vino después se debió a aquel feliz descubrimiento.

Javier Jiménez Belmonte (Aguilar de la Frontera, Córdoba, 1972) es doctor en Literatura Española por la Universidad de Columbia (Nueva York) y catedrático de Literatura Española en la Universidad de Fordham (Nueva York). Especialista en poesía del Siglo de Oro, ha publicado numerosos artículos en revistas académicas sobre literatura y cultura españolas desde la Edad Media hasta el siglo XX. Es autor de los estudios *La obra en verso del príncipe de Esquilache: amateurismo y conciencia literaria* (2007) y *Estetizar el exceso: Cleopatra en la cultura hispánica medieval y del Siglo de Oro* (2017), así como de la novela *Desentierro* (2022) y del ensayo literario *Un texto en camino* (2022).

14 de febrero, San Valentín

Amas al mar y el mar está en tus ojos; amas al sol que luce en tu cabello con los dorados reflejos de la tarde.

El mar y el sol caminan con tu cuerpo, cuando paseas airosa por la calle.

Amas la tierra y tus senos son montañas rodeadas de navas y de valles. Amas el campo y los verdes trigales y en tu vientre tres espigas hermosas se han criado.

Amas la brisa y tu aliento es el céfiro que trae aromas de suave primavera.

¡Los pájaros, las nubes, el cielo, las estrellas y los profundos abismos siderales se quedan conmovidos cuando los miras con tus ojos inefables!

¡Eres el mar que fluye por tus ojos!

¡Eres el sol que evapora mis pesares!

¡Amada mía, te amo como a nadie!

¡Te necesito, mi asfixio sin tu aire!

¡Toma mis manos y llévame en las tuyas ligero como el aire, como llevabas el ramo de flores en la iglesia, tan dulce y elegante!

¡Oh, te quiero con mi cuerpo, con mi alma y con mi sangre!

¡Partamos juntos por el mar proceloso de la vida en el bajel de tus senos y tu talle!

¡Esperemos unidos la venida del postrer viajero de la tarde, fundidas nuestras almas con el amor que olvida, que perdona y que cura las oscuras heridas más sangrantes!
¡Te quiero, compañera, amada esposa y buena madre!

Córdoba, 14 de febrero de 2020

50 aniversario del Carmen Romero

¡Noble edificio de ética y cultura!
¡Faro de luz que enseña con paciencia
el amor por las artes y la ciencia!
¡Tus alumnos exaltan tu figura!

¡Para ellos fuiste luz, clara y pura,
que alumbró para siempre su conciencia,
despertando su propia inteligencia!
¡Tu labor fue muy ardua y dura!

Cuando cumples tu medio centenario,
a tan eximia misión dedicado,
celebramos tan magno aniversario

para ver tu fecundo resultado.
¡De educación, avanzado santuario,
y de Aguilar, colegio destacado!

Córdoba, 10 de junio de 2023

A la nana nana

A la nana nana
mi Alonso me llama,
con su tierna voz,
con su risa blanca,
con sus lindos ojos
donde el mar se baña,
con su pelo rubio
de dorada capa.

A la nana nana
mi Alonso me llama,
cuando tiene hambre,
cuando bebe agua,
cuando con sus manos
me toca la cara,
cuando ya dormido
descansa en la cama.

A la nana nana
mi Alonso me llama,
con su cuerpecito
que anda que baila
junto a su hermanita,
su querida tata;
cuando está malito,

con la fiebre alta,
me siento muy triste,
me duele hasta el alma.
A la nana nana
mi Alonso me llama.

Córdoba, 18 de noviembre de 2019

A la Mezquita, en su XII centenario

¡Rico cofre de fina arquitectura!
¡Templo sagrado! ¡Arca de la alianza!
¡Bellas naves de amor y de alabanza!
¡Urna noble del arte y la cultura!

¡Bosque petrificado de hermosura!
¡Cúpula que hasta el cielo casi alcanza!
¡Oasis de la fe y de la esperanza!
¡Paraíso de paz y de frescura!

Llega hasta ti, mi alma peregrina,
en este año que cumples centenario,
para admirar tu sangre bizantina,

conservada en mosaico milenario,
que el Islam y, después la Cruz Latina,
en mezquita erigieron y en santuario.

Reina Sofía, 20 de febrero de 1986

A los campos andaluces

¡Qué bonito es el sendero
de mis campos andaluces!
¡Olivos de verde hoja
y salvajes acebuches!

Camino por el sendero
de mis campos andaluces,
encinas en los alcores
con madroños agridulces,
romeros y jaras blancas,
tomillos en los taludes,
olivillas y durillos
con sus flores tan azules,
pinares de verdes copas
coronando altas cumbres.

¡Qué bonito es el sendero
de mis campos andaluces!
¡Olivos de verde hoja
y salvajes acebuches!

En los valles que se visten
con sus ropajes de nubes,
los trigos y girasoles
en abrazos se confunden.

El sol, cuando se despierta
bostezando entre los tules
de los encajes del cielo,
en tus entrañas refulge
y a tus mieses las madura
con los rayos de su lumbre.

¡Qué bonito es el sendero
de mis campos andaluces!
¡Olivos de verde hoja
y salvajes acebuches!

Cuando el sol, que se levanta,
el cielo limpia de nubes
y dora las verdes navas
de tus montañas azules,
mis ojos con él se marchan
y descubren tus virtudes:
alcornoques y coscojas,
altos brezos y abedules,
olivares y viñedos
que en tus campiñas relucen.

¡Qué bonito es el sendero
de mis campos andaluces!
¡Olivos de verde hoja
y salvajes acebuches!

La flora del Mare Nostrum
entera se distribuye
por tus bosques y solanas,
por tus montañas azules.
Por eso yo a ti te canto

este romance que fluye
desde mi alma andaluza
y en estas letras se funde
con el amor que le tengo
a mis campos andaluces.

¡Qué bonito es el sendero
de mis campos andaluces!
¡Olivos de verde hoja
y salvajes acebuches!

Centro de profesores,
7 de febrero de 1990 a las 19:10 horas

A los niños que mueren de hambre

Cuando pienso en los niños que se mueren
sin tener una miga que comer,
el alma se me llega a estremecer,
pues sus muertes muy hondo me zahieren.

Los gobiernos dinero no transfieren:
«No es urgente problema a resolver».
«No es negocio rentable a sostener».
Alimentar a pobres ya no quieren.

Si te sientes humano de verdad,
lucha y batalla para erradicar
este crimen de lesa humanidad.

Exige que termine esta maldad.
A los niños tenemos que ayudar
por justicia, no por caridad.

Córdoba, 22 de septiembre de 2019

A mi compañera

En las montañas azules,
entre valles y barrancas,
donde pacen las ovejas
y crecen mirtos y jaras,
donde fluye el río Genil
que viene desde Granada,
naciste tú, mi pastora,
en tu cuna de albahaca
con tus sabanitas verdes,
tejidas de hojas de malva;
para dormirte mejor
los jilgueros te trinaban
y en los álamos del río
las alondras te cantaban.
Todas las aves vinieron
a verte por la ventana,
y con sus alegres trinos
te cantaron una nana.
¡Pastora de las encinas,
te has criado en las montañas,
con el aceite de oliva
mezclado con alcaparras
y con el pan amasado
de trigo y su harina blanca!
¡Creciste entre los olivos,

jugando con las retamas
y oyendo a los ruiseñores
la noches de luna clara!
Vivías en un cortijo
y a la escuela caminabas,
jugabas con tus hermanos
y en el río te bañabas.
¡Pastora de Fuente Tójar
sin ovejas y sin vacas!
En las montañas azules,
entre valles y barrancas,
nació una estrella en el cielo
y en la tierra una chavala,
allá por la Cubertilla,
en su cuna de albahaca.

Córdoba, 5 de enero de 2020

A mi hijo Francis en su 40 cumpleaños

En este día que cumples
tu cuarenta cumpleaños,
recuerdo con alegría
cuando eras pequeñajo.
¡Eras como un angelito
por Murillo retratado,
con tu cara tan preciosa
y tu pelo tan dorado!
Has crecido muy de prisa,
¡cómo han pasado los años!
Te agradezco, hijo mío,
la alegría que me has dado,
con una esposa tan guapa
y unos nietos tan lozanos.
¡Micaela, una gacela!
¡Alonso, torito bravo!
¡Son mis nietos adorables
que me tienen embobado!
¡Has dado luz a mi vida,
aunque me encuentre cansado!
¡No tengo con qué pagarte
este precioso regalo,

de ver crecer a mis nietos
como dos buenos hermanos!
¡Estos versos que te digo,
Francisco, te lo recalco,
me salen del corazón,
como mi mejor regalo,
que te escribo en este día,
tu cuarenta cumpleaños!
¡Que sigas cumpliendo muchos
tus padres te deseamos,
con salud y bienestar,
sin problemas destacados!
¡Que Dios bendiga tu casa
y a tus hijos con sus manos!
¡Con estos sencillos versos
tu madre y yo te abrazamos!
¡Cuando naciste compuse
estos versos dedicados,
hoy te los digo de nuevo,
a ti, hijo bien amado!
¡Si del mundo me diesen todo el oro
y tener para ello que perderte,
diría que eres mío poro a poro
y que sólo por causa de la muerte
podría renunciar yo a mi tesoro!
¡Francisco, mi tesoro es el quererte!

Córdoba, 22 de mayo de 2021

A mi nieto Alonso

Cuando cantan las alondras,
en florida primavera,
maduró mi nieto Alonso
con su piel de luna llena.
El sol se baña en su pelo
y el mar sus ojos los besa;
su boquita es tan preciosa
y su sonrisa tan tierna,
que mi corazón alegra
y mi alma la serena.
¡Querubín de mi familia!
¡Suavizas todas mis penas!
¡Regalas verde esperanza
con tu carita tan bella!
¡Te quiero, mi nieto Alonso,
y en estos versos se quedan
mi corazón y mi alma
con toda mi vida entera!

Córdoba, 10 de octubre de 2018

A mis amigos de Sorrento

A mis queridos amigos
de nuestro grupo Sorrento
les dedico estos versos
que inundan mi pensamiento.
Pilar, nuestra presidenta,
aclamada por consenso,
es como veloz gacela
que no para ni un momento.
A Pepi la música le encanta,
pues posee un gran talento
que lo comparte con Paqui,
cuando cantan en directo.
Las dos tienen dulce voz
como la miel de romero.
Carmen, como secretaria,
nos informa de momento
de cualquier actividad
que nos produzca contento.
Mujer activa y directa,
gran amiga a quien yo quiero.
Isabel es otra amiga,
dulce y sencilla por dentro,
que cuida de su familia
con gran cariño y esmero
Malagueña es otra Carmen,

pero no por nacimiento,
que en Jaén fue concebida
en un muy bonito pueblo.
Rosalía es gran maestra,
pacense de cuerpo entero;
Extremadura es su tierra
y lo proclama su acento.
Trini, mi leal compañera,
tiene el gran convencimiento
de que nació entre olivos
y estos le dieron sustento.
Una gran trabajadora
tan fuerte como el cemento.
Sus ojos son esmeraldas
y el sol se baña en su pelo.
Puedo decir de Miguel
que parece un caballero,
en la Edad Media tendría
espada, capa y sombrero.
Mi amigo Pepe Bellón
es un escritor puntero
que a Cervantes y al Quijote
los ensalza con anhelo,
pues el impulso le mana
de su corazón manchego.
Si alguien sabe dibujar
o crear bello florero,
ese sin duda que es
mi amigo José Herrero.
Jienense es otro amigo,
por adopción malagueño.
Paco Peris es su nombre
y le viene como al dedo,

pues la pericia practica
sin descanso y con acierto
En el último lugar,
pero en mi corazón primero,
se halla mi amigo Gregorio,
pintor y cantante excelso.
Córdoba, Sevilla y Palma
guardan buenos recuerdos
de nuestra vieja amistad,
nuestro cariño y afecto.

Córdoba, 8 de octubre de 2018

A mis alumnos

Mis alumnos siempre
lo que yo más quiero;
mi esposa, mis hijos,
mis padres y luego...
viene esa promesa
a quien doy mi tiempo,
mi trabajo, mi vida
y todo mi esfuerzo;
para que comprendan
que el mundo no es juego;
que el trabajo debe
ser siempre su puerto,
ser siempre la meta
a llegar ligero.
Así mis alumnos...
Así su maestro...

Reina Sofía,
madrugada del 27 de febrero de 1986

A mis amigos catalanes

En el valle del Ezkurra,
por las tierras de Navarra,
en un lugar sorprendente
llamado de Elgorriaga,
encontré a unos amigos
con su sangre catalana.
Todos eran de Lleida,
criados en sus montañas,
muy amantes de su tierra
y también de toda España.
Rosa, mi gran amiga,
que a todas hora te habla,
pues por su boca brota
la grandeza que la baña.
Con cariño yo la llamo
Rosita la Charlatana.
Francesca, por el contrario,
apenas te dice nada,
te escucha y te sorprende
tan humilde y tan callada.
Los compañeros que tienen
—Josep y Jaume se llaman—,
trabajadores del campo
y también de la enseñanza,
poseen un gran talento

inteligencia y templanza.
Un placer fue conversar
bajo la noche estrellada
y compartir experiencias
de forma muy sosegada.
A todos ellos dedico,
con ilusión y esperanza,
estos versos que han surgido
desde el fondo de mi alma.
Ojalá que nos veamos
en vuestra Lleida natal,
o en mi Córdoba la Llana
en tiempo primaveral.

Córdoba, 19 de septiembre de 2019

A mis nietos

Mis nietos son mi alegría,
mi esperanza y mi ilusión.
El querubín de mi Alonso
me arrebata el corazón,
al mirarme sonriente
con su boca de piñón.
El cielo baña sus ojos
y les presta su color,
por eso son tan preciosos
y despiertan la emoción
de quererlo con locura,
con cariño y con pasión.
Yo, tu abuelo Fernando,
con afecto y con amor,
te dedico estos versos,
escritos sin ton ni son,
que han salido de mi alma,
de mi espíritu y razón.
Alonso, mi niño ángel,
sé siempre muy juguetón,
muy simpático y jovial
alegrando la creación,
cautivando corazones
con tu carita de flor,
con el nácar de tus dientes,

con tu cabello de sol.
De mi nieta Micaela
puedo decir sin temor
que te hechiza su mirada
y te admira su expresión.
Es tan ágil y dinámica
que se asemeja a un ciclón.
Su cuerpo entero te habla
mejor que su propia voz.
Es tan chiquita y bonita,
tan princesa y tan bombón,
que se te mete en el alma,
que te roba el corazón.

Córdoba, 2 de abril de 2019

A séptimo nivel. Grupo A

Querido curso de séptimo,
como homenaje de afecto,
estos versos os dedico,
ya que soy vuestro maestro.

Os quiero como a mis hijos,
ya que soy vuestro tutor.
Lo mismo que vuestros padres
os doy afecto y amor.

Para mí representáis
veintiséis bellos diamantes;
cada cual tiene su brillo
con facetas muy brillantes.

Sois como estrellas lucientes
en una noche serena;
alumbráis muy refulgentes
igual que la luna llena.

Todos tenéis cualidades,
que llenan de admiración
a quien se pare y os preste
un poquito de atención.

Todos estudiar queréis
y sois buenos estudiantes;
alguno escribe tan bien
que se asemeja a Cervantes.

Otro descuella en el juego
y otro en la declamación;
aquella entiende de música
y canta bella canción.

Alguno el ping-pong prefiere,
otros aman el teatro;
alguna alumna me dice:
«El baile yo lo idolatro».

Si alguno de ustedes quiere
alcanzar notoriedad,
debe actuar en su vida
con franca sinceridad.

Obrad siempre con justicia
con amor y con verdad.
Odiad siempre la mentira,
la injusticia y falsedad.

No olvidéis que esto os lo digo
con todo mi corazón
y que lo sigáis espero
lleno de sana ilusión.

Aunque yo de aquí me vaya,
en mi espíritu reservo
un lugar muy destacado
y vuestra imagen conservo.

Aguilar, final de febrero de 1985

A todos mis amigos

¡Amigos, os llevo dentro del alma,
os lo digo con grande sentimiento,
con mi corazón sereno y en calma,
bañado de alegría y de contento!

Compartimos la vida paso a paso,
los problemas, dolores y ternuras,
agobios, alegrías y fracasos,
angustias, ansiedades y amarguras.

Agradezco a todos su paciencia,
al tolerar mis genios desatados,
mil olvidos y mala negligencia,
mis temores y mis agrios enfados.

Sin duda perturbaron la armonía
y enturbiaron la sana convivencia
que entre todos manaba y residía
en nuestra vida diaria y existencia.

Perdonad mis espinas más agudas,
lanzadas a lo loco por el viento,
fruto fueron de enfados y de dudas,
no tuvieron raíz ni fundamento.

A nuestra amistad leal y sincera,
como cálido y vivo testamento,
que nace de mi vida y de mi aliento,
le dejaré estos versos cuando muera.

El Vacar, 19 de agosto de 2021

A veces me siento vacío

Tengo en mi alma la soledad de la tarde.
Un cuchillo afilado de agonía corroe mis entrañas.
Una lava gélida recorre mis venas.
La pena y la tristeza son la carne de mis huesos.
Mi corazón, como una trágica clepsidra,
se desangra en el negro abismo del dolor.
Mi espíritu se acurruca en el ruinoso templo
del recuerdo.
Nada me satisface, nada me llena, me siento vacío...
Pero he de mirar al sol que nace,
a los pájaros que vuelan en el cielo,
a las estrellas que alumbran por la noche,
a las personas que luchan por un mundo más humano,
a los niños que ríen sin maldad...
Siento que mi alma cobra vida y que, de nuevo,
tengo que luchar.
Encerrado, confinado o enjaulado,
nada me impide el amar.
Si el amor corre por mis venas, mi corazón
volverá a palpitar,
lleno de ardientes ilusiones, como lava fluida
de volcán.
Lucharé por un mundo donde reine la paz,
la justicia y la bondad.

El Vacar, 14 de noviembre de 2020

Alegoría aguilarense

Señora de las lomas y esposa de Baco.
Libas feliz en áurea copa el néctar de los dioses.
Contemplas extasiada tu hermoso cuerpo
en el espejo que Tetis te donó.
Recuerdas con añoranza tu pétrea coraza
digna de Ares y Atenea.
Ciñes tu curtida piel con los blancos velos
vestales que tienen aromas de Dionisio.
Señoreas tu sien con poligonal corona,
de ochavada forja, mientras el erguido báculo
de Kronos lo empuña tu blanca mano de azahar.
Calíope y Erato anidan en tu seno y tus hijos
cantan sus virtudes con sus obras.
Tus fértiles campos, tus olivares y viñedos
tienen a Ceres como madrina de honor.
Salve, pues, hija de Fortuna, esposa de Baco
y amante de los dioses.
Bella Ipagro, antigua Poley, hermosa Aguilar.

Aguilar, 28 de enero de 1986

Anoche estuve soñando, cuando dormía en mi cama

Anoche estuve soñando,
cuando dormía en mi cama,
en el tiempo que he perdido
en cosas sin importancia.
Enfadarme muchas veces
por temas sin relevancia;
no decirle a los amigos
y a las personas que amaba
lo mucho que los quería
desde el fondo de mi alma.
Ahora, que estoy encerrado,
como un pájaro en su jaula,
añoro el tiempo pasado
perdido de forma vana.
Ahora, estando cautivo
en la cárcel de mi casa,
doy gracias por estar vivo
al despertar la alborada.
Cuando se rompan los hierros
de la jaula de mi casa,
daré gracias a la vida
por lo que tiene importancia;

por mi esposa y mi familia,
que a veces tuve olvidadas;
por los amigos que tengo,
son mi familia adoptada;
por el trabajo diario,
que te sustenta y te cansa;
por el sol y por la lluvia,
por las noches estrelladas,
por las plantas, por la tierra,
por el mar y las montañas,
por los peces y las aves,
por los árboles y el agua,
por los pájaros cantores,
que trinan por la mañana,
por la belleza del mundo,
por las flores perfumadas.
Cuando se rompan los hierros
de la jaula de mi casa,
viviré lo que he aprendido
en el sueño de mi cama.
Lo importante de la vida
es hacer lo que tú amas;
respetar a las personas,
sin fijarnos en sus caras,
pues todos somos humanos,
tenemos la misma alma
siendo blancos, siendo negros,
siendo pobres, siendo parias.
Cuidar la Naturaleza
con esfuerzo, con constancia;
ella ha sido nuestra madre,
nuestra abuela, nuestra yaya,
nos ayuda y alimenta

y la vida nos regala.
Anoche estuve soñando,
cuando dormía en mi cama,
que lo único importante
son las personas que amas.

El Vacar, 14 de abril de 2020

Aquí me tienes, Señor

Aquí me tienes, Señor,
con mis años cansado y dolorido,
cansado de una vida tan burguesa,
cansado de marchar por los caminos
sin un rumbo, sin meta y solitario,
con dudas, triste y viejo.
¡Señor, dame tu gracia!
¡Dame tú, Señor, algo de aliento,
pues tengo mi alma rota
y el espíritu deshecho!
¡Escúchame, Señor,
y rompe tu silencio!
¡Mi corazón se encuentra destrozado,
partido, casi muerto!
Así soy yo, Señor,
es todo lo que tengo.
Manos vacías, deseos que murieron...
¡Escúchame, Señor,
te ofrezco yo mi pecho!
¡Quisiera oír tu voz,
rompe tu silencio!

El Vacar, 10 de julio de 2021

Así veo sus ojos

¡Ojos verde fulgor!
¡Ojos que lanzan miradas de amor!
¡Ojos luz esmeralda!
¡Ojos que llegan al fondo del alma!
¡Ojos verde turquesa!
¡Ojos perfectos de linda princesa!
¡Ojos luz de la aurora!
¡Ojos que alegran al hombre que llora!
¡Ojos luces del día!
¡Ojos que alumbran mi triste agonía!

El Vacar, 4 de noviembre de 2020

Breve romance al Guadalquivir

Entre naranjos y olivos
Guadalquivir va sereno,
como líquida serpiente,
como una flecha de fuego.
Desde Cazorla a Sanlúcar,
desde la nieve y el hielo,
hasta los mares azules
con sus dorados reflejos.
Desde los montes azules,
donde trinan los jilgueros,
donde las águilas cazan
las perdices y conejos,
hasta los aguas turquesas,
que se extienden a lo lejos,
donde nacen y se crían
los pescaditos más frescos.
Se pasea por los campos,
entre barrancos y cerros,
y con su cinta de plata
embellece a muchos pueblos.
Es el rey de la campiña
y de las tierras de riego.

Desde Jaén hasta Cádiz
es andaluz todo entero.
Guadalquivir es su nombre,
los árabes se lo dieron
por su notable caudal;
él riega los campos secos,
y a las gentes les regala
toda su gracia y salero.
Por eso los andaluces,
aunque suframos por dentro,
con nuestros voces gritamos
¡Guadalquivir te queremos!

El Vacar, 31 de enero de 2021

Canto a Córdoba

Contemplando tu verde serranía,
el río que te ciñe enamorado,
tus fuentes que borbotan simpatía,
el arte que la historia te ha donado,
mi espíritu contempla tu armonía,
que me deja por completo embelesado.
Veo tu valle, donde crecen naranjales,
los álamos que bailan junto al río,
tu campiña sembrada de trigales,
San Rafael custodio en quien confío.
Tus torres que se elevan hacia el cielo,
como flechas que portan la ilusión
de las gentes que viven en tu suelo
y conforman tu humano corazón.
Mi espíritu rebosa de alegría,
me siento muy feliz y afortunado
de habitar en ciudad con tal valía,
como la misma Unesco ha declarado.
¡Oh, Córdoba, ciudad tan distinguida
por tu Mezquita, obra sin igual;
tu judería siempre está florida,
rosa blanca de fama universal!
¡Córdoba con aroma de azucenas!
¡Nuevo edén de jazmines florecido!
¡Ciudad fuerte rodeada por almenas,

que tus hijos con fuerza han defendido!
¡Oh, Córdoba, tu gloria he de cantar,
pues te honra toda la humanidad,
cuatro veces lo ha vuelto a proclamar,
con honor, con justicia, con verdad!

Córdoba, 1 de diciembre de 2019

Canto a la Mezquita

¡Cáliz de oro donde la fe fulgura!
¡Copa dorada de ambrosía llena!
¡Arca sagrada que al alma serena!
¡Sacro recinto de belleza pura!

¡Nave inmensa repleta de hermosura
que al corazón lo toca y encadena
y a la mente libera y oxigena!
¡Noble crisol del arte y la cultura

de alabastro y mármol cincelado!
¡Lámpara clara de la luz divina!
¡Templo vivo de rezos y clamores

por ciento de columnas adornado!
¡Llega hasta ti mi alma peregrina
para encender de nuevo mis fervores!

El Vacar, 7 de febrero de 2021

Canto al ocaso

Sobre el valle verde gime el viento
con fuertes alaridos de agonía.
Me entristece escuchar este lamento
que rompe de mi alma la armonía.

Las flores con el oro se coronan
y lloran con tristeza su amargura.
Los pájaros sus trinos abandonan
y se esconden de prisa en la espesura.

El sol, astro fulgente y luminoso,
con su áurea capa de energía,
cubre el verde ramaje tembloroso
de una fina y dorada celosía.

Cesa el viento de pronto su gemido
entonando una dulce melodía.
¡Qué emoción tan profunda yo he sentido,
al mirar como el día fenecía!

¡Una tarde de fuego arrebolada
sobre un cielo azul algo nuboso!
Mi alma está serena y relajada.
¡Qué momento del día tan precioso!

El Vacar, 21 de marzo de 2021

Cerré yo sus ojos...

Cerré yo sus ojos,
que aún tenía abiertos,
y tapé su cara
con un blanco velo.
Aquel seis de marzo,
¡qué bien lo recuerdo!,
mi padre marchó
volando hacia el cielo.

Un médico vino,
para dar por hecho
que mi padre estaba
para siempre muerto.
¡Qué pena tan grande!
¡Qué dolor tan fiero
se clavó en mi alma
cual vivo avispero!

Mi padre yacía
tan frío y tan yerto,
que me parecía
un bloque de hielo.
Escaras tenía
por todo su cuerpo.
¡Qué dolores tuvo
estando despierto!

En el tanatorio
estuvo primero,
allí lo velamos
amigos y deudos.
Quizás le rezaron,
cuando contemplaron
su cara de cera,
sus pálidos restos.

Luego a La Victoria
llevamos el féretro
y tras de la misa
pasó al cementerio;
allí lo metimos
en un nicho nuevo
y en la oscura lápida
escribí unos versos
con amor filial
hacia un padre bueno.

Mis hijos le dieron
su mayor contento;
fueron sus tres nietos
su mejor consuelo.
Francisco Fernando,
su nieto primero,
con él disfrutó
primicias de abuelo;
luego vino Antonio,
lucero del cielo,
a voces le daba
sus tiernos requiebros.
Cuando vino Inma,
estaba ya enfermo,

su pequeña albóndiga
de miel y romero.

Una vez cerrado
aquel frío hueco,
con él conversé
con hondo respeto
y mucho dolor
dentro de mi pecho:
¡Adiós, padre mío,
le dije sincero,
que en la gloria estés
con júbilo pleno!

Han pasado años,
¡cómo corre el tiempo!
Pero, desde entonces,
yo bien lo prometo,
cuando estoy muy triste,
y con pena dentro,
cuando cae la nieve
del helado invierno,
cuando sólo oigo
gemidos del viento,
de mi amado padre
su muerte recuerdo
y elevo plegarias
por él hasta el cielo.
¡Que Dios te bendiga
con el gozo eterno;
te lo mereciste,
yo doy fe de ello!

El Vacar, 6 de marzo de 2021

Compañero Manolo, compañero

En este frío y triste mes de enero
te marchaste ligero, con la brisa
dejándonos la imagen de tu risa.
¡Compañero Manolo, compañero!

Un mazazo terrible, un viento helado,
congeló para siempre tu sonrisa,
Manolo, gran amigo destacado.

Tras un mes de callado sufrimiento,
te marchaste tan pronto, tan temprano,
que a todos nos dejaste sin aliento.

La muerte te llevó en raudo vuelo,
con premura, tal vez de madrugada,
hacia las altas nubes, hacia el cielo.

Con tu vida sembraste, compañero,
una honda amistad, bien trabajada,
de fraternos abrazos semillero.

Ahora que la cera de la muerte
en ti dejó su amarillo tatuaje,
quiero no olvidarte y ofrecerte
este amistoso y cálido homenaje
que mitigue la pena de perderte,
¡compañero Manolo, compañero!

El Vacar, 30 de enero de 2021

Córdoba de mi alma

¡Yo te amo, Córdoba de mi ensueño!
¡Como alumno que fui de lo sagrado,
al contemplar tu templo tan dorado,
me siento traspasado en loco empeño!

¡Al mundo lo dejas embelesado,
con tu rico y noble patrimonio!
¡Del universal arte testimonio,
cuatro veces ya ha sido declarado!

¡De la sabiduría clara fuente,
que jubilosa mana dulce calma!
¡Qué hermoso, qué precioso que es tu canto,

que impulsa, que alimenta a sabia gente!
¡Oh, Córdoba, Córdoba de mi alma!
¡Bellísima ciudad de gran encanto!

Córdoba, 12 de febrero de 2020

Córdoba Eterna

Junto a la verde campiña,
al pie de Sierra Morena,
ceñida por un gran río,
con naranjos y palmeras,
una ciudad fue creada
con aires de gran nobleza;
los romanos la adornaron
con galas de una princesa,
más tarde fue coronada
con la diadema de reina;
reina de todo Al-Andalus
por los califas omeyas.
¡Ciudad orgullo del mundo,
cantada por mil poetas!
¡Ciudad, glorioso tesoro,
proclamada con trompetas
por su extenso patrimonio,
por su hermosura y belleza!
¡Es como un lindo jardín
con olor de primavera;
huele a rosa y jazmín,
a claveles y azucenas!
¡Su nombre suena a flamenco,
a guitarra y castañuelas!
¡Siempre que quiero nombrarla

mi boca de miel se llena!
¡Córdoba! ¡Ese es su nombre!
¡Córdoba, Córdoba eterna!

Córdoba, 8 de diciembre de 2019

Córdoba y los sotos de la Albolafia

Mil gracias derramando
pasó por estos sotos con presura,
y, yéndolos mirando,
con sola su figura
vestidos los dejó de su hermosura.

San Juan de la Cruz

Las blancas gaviotas vuelan sobre las ondas de plata del Guadalquivir que besan las doradas piedras del viejo puente romano. Los cormoranes bucean en el líquido vientre, junto a los robustos cimientos de tan vetusta construcción. Los álamos, los fresnos, los sauces y los abedules albergan una variada fauna de aves que juegan y aletean entre sus ramas, mientras se cortejan y alimentan a sus polluelos. Las garzas y las grajillas, desde las orillas, observan al martín pescador bajo una melodiosa sinfonía de cucurras y silbos sonorosos. Estos sotos otorgan a Córdoba un sinfónico bosque vivo, que canta la gloria de su pétrea arquitectura imbuida de gloria y majestad.

La brisa, que el río desprende, flota como débil bruma y se despliega bajo la puerta del puente, arropa como vaporoso manto la estatua del triunfo de San Rafael y besa los muros de la Mezquita, disipándose en tan amoroso ósculo.

Bajo los arcos del puente la plata fluye con rumores de palomas que se arrullan y de patos que surfean la corriente. Cuando llega mayo, emborrizado de sol y de los frescos aromas de las flores, los sotos despliegan la exuberante hermosura de la primavera que los viste con su verde manto bordado de frescura y de mágico encanto. San Rafael, desde su triunfo, escucha al viento que juega entre las ramas de los árboles y cimbrea las adelfas y eneas en las márgenes del río. El viento que nada piensa y que palabras no dice, pero a quien es tan bello escuchar. El viento en los sotos es un dulce canto, que vibra igual que el trino de los pájaros, y vuela, como un ángel, por los jardines y las estrechas callejuelas de la judería perfumadas de jazmines y azahar, y se duerme en el florido paraíso de los patios, recintos de aromas, de colores y poesía...

¡Por eso yo te amo, Córdoba mía! ¡Córdoba, adornada de palmeras y naranjos, de claveles y de rosas, de geranios y alhelíes que por tus parques sonríen! ¡Cuando la luna te baña con los rayos de su lumbre y el murmullo de tus fuentes canturrea en tus jardines, las estrellas tintinean en el cielo que te cubre y se bañan en el río que con sus brazos te ciñe para admirar la belleza que sobre tus sotos reluce!

El Vacar, 30 de julio de 2020

Cuando pase la hecatombe que ha traído el coronado

Cuando pase la hecatombe
que ha traído el coronado,
seremos supervivientes
en este mundo asolado.
Nos sentiremos dichosos,
con el corazón sangrando,
tan sólo por estar vivos
en un mundo desolado.

Cuando pase la hecatombe
que ha traído el coronado.

A cualquier desconocido
le daremos un abrazo,
pues hemos tenido suerte
de no morir asfixiados.
A nuestros muertos queridos
recordaremos llorando,
junto con todas las víctimas
que ha matado el coronado.

Cuando pase la hecatombe
que ha traído el coronado.

Seremos más compasivos,
al haber sufrido tanto,
y también más generosos
con los pobres y parados.
Pensaremos en los parias,
sin casa y sin tejado,
que vivían en la calle,
y siempre dimos de lado.

Cuando pase la hecatombe
que ha traído el coronado.

A lo mejor algún negro
era el Señor disfrazado,
y lo dejamos hambriento
y en la calle abandonado.
Siempre pusimos excusas
de no poder ayudarlo
y lo dejamos morir
por el frío congelado.

Cuando pase la hecatombe
que ha traído el coronado,
debemos reflexionar
por haberlo fabricado
con nuestro gran egoísmo
de acabar con el contrario,
creando armas biológicas,
para así aniquilarlo.

Cuando pase la hecatombe
que ha traído el coronado.

¿Seremos nuevas personas
y seremos más humanos?
¿Respetaremos la vida?
¿Actuaremos como hermanos?
¿Seguiremos con las guerras?
¿Volveremos al mercado?
¿A parias y desvalidos
les echaremos una mano?

Cuando pase la hecatombe
que ha traído el coronado.

Desde el fondo de mi alma,
a Dios le pido apenado
que nos ayude a cambiar
este mundo deshumano
que busca sólo el dinero
y el alza de los mercados
y que desprecia a los pobres
y a los más necesitados.

Cuando pase la hecatombe
que ha traído el coronado,
¿volveremos a vivir
de un modo tan desbocado?

El Vacar, 5 abril de 2020

Cuando pienso en la vida

Cuando pienso en la vida
que en los años que tengo yo he gozado,
padres, hijos, esposa...,
me siento muy feliz y afortunado.

Mi familia era pobre,
sin dinero en el banco atesorado,
jamás pensé tener
una casa y hogar acomodado.

Cuando contemplo el prado,
de innumerables flores adornado,
mi corazón se agranda
y late con un ritmo acelerado.

¡Qué bonitas praderas
alfombran este campo no labrado!
¡Manjar de las ovejas
que tienen su sustento asegurado!

¡Cuando miro a las aves,
que danzan por el cielo despejado,
las quiero acompañar
en su vuelo feliz y acompasado!

Por el fondo del valle
fluye un río sereno y sosegado.
¡Qué lindo su reflejo
cual espejo sin mancha acristalado!
¡Cuando observo el ocaso,
con el éter de rojo ensangrentado,
mi espíritu se eleva
hacia arriba en ardores sublimado!

¡Aquí me quedaré,
esperando el momento señalado
en el que dejaré
este mundo al que miro enamorado!

El Vacar, 1 de julio de 2021

Cuando hay amor

Cuando se vive el amor,
tesoro oculto en el alma,
la dicha y felicidad
con la alegría te bañan;
tu cuerpo es como un jardín
donde mana el agua clara,
que riega verdes rosales,
cargados de rosas blancas.
Cuando se vive el amor,
cual una flor perfumada,
las amapolas te tiñen
con su rubor escarlata,
que se refleja en tu rostro
cuando besas a tu amada.
Cuando se vive el amor
los ruiseñores te cantan
sus trinos más delicados
al llegar la madrugada,
y la aurora muy contenta
de colores se engalana.

Cuando se vive el amor
de una forma apasionada,
la luna viene a besarte
con sus cabellos de plata,

a tu corazón lo enreda
y en ardores te lo inflama.
Cuando se vive el amor
en las frescas alboradas,
hacia el pecho enamorado
Cupido sus flechas lanza;
una lava derretida
por el cuerpo se derrama,
fuego vivo que te quema,
como el carbón de una fragua;
efluvios de medianoche,
luceros de la mañana,
que alumbran al nuevo día
entre aromas y fragancias.

El Vacar, 16 de septiembre de 2020

Cuando suenan las campanas

Cuando suenan las campanas
yo las oigo por el viento,
como escucho a las alondras
y a los pequeños jilgueros,
el maullido de los gatos
y el ladrido de los perros.
Cuando el alba se despierta
en lo alto de los cielos,
las campanas la saludan
con sus metálicos ecos.
En mis oídos despiertan
inolvidables recuerdos
de mis tiempos infantiles
en casa de mis abuelos.
Si las campanas callaran,
¡qué tristeza y desconsuelo!
¡No gemirían doblando
en los oficios de muertos,
y nunca repicarían
en las fiestas de precepto!
Su voz no se extendería
por los montes y los cerros,
por las bucólicas navas
donde pacen los corderos,
donde canta la calandria

sus cantos más lisonjeros,
saltando de rama en rama,
entre jaras y romeros.
Tampoco se escucharían
por las calles de los pueblos,
para avisar a los fieles
el horario de los rezos.
¡Que suenen pues las campanas
y que vuelen por el viento,
para escucharlas temprano,
cuando azul se pone el cielo!

El Vacar, 3 de febrero de 2021

Cuando yo me haya ido

Cuando yo me haya ido
de este mundo tan insano,
¿qué le pasará a mis libros,
que tanto me han ayudado?
Han sido buenos amigos,
siempre juntos a mi lado.
¿Los quemarán en la hoguera?
¿Los venderán como saldo?
¿Irán pronto a la basura?
¿Se los darán a un extraño?
Cuando me sentía triste,
con el dolor apenado,
su lectura me animaba,
me sentía consolado;
han sido grandes amigos
desde mis primeros años.
Cuando yo me haya ido
de este mundo tan insano,
¿qué le pasará a los sellos
que estuve coleccionando?
Quiero que Antonio los tenga,
quiero darle este regalo;
que él haga lo que desee,
ya que es su propietario.
Su padre así reconoce

lo bien que se ha comportado,
trabajando muchas veces
en la parcela del campo
y por cuidar a su abuela
con cariño y con agrado.
Qué importa lo que le ocurra
a las cosas que tú dejas;
al mundo vienes sin nada
y sin nada tú lo dejas;
sólo te llevas contigo
tus alegría y penas,
el amor de tu familia,
que ha aguantado tu aspereza,
tus voces y tu gran genio,
tus dolores y tristezas,
y han compartido contigo,
en amena convivencia,
los besos y las caricias,
algunas veces muy tiernas,
los cantos y los abrazos
en Navidad y Nochebuena,
en cumpleaños y santos
uniendo vuestra existencia.
También te llevas contigo,
es muy claro y cosa cierta,
el amor de tus amigos
que no cambian de chaqueta,
que te aprecian y te quieren
sin pedirte nada a cuenta.

Córdoba, 5 de enero de 2020

Décima a Andalucía

Yo le canto a Andalucía,
región de gracia y salero
famosa en el mundo entero.
Lo digo con alegría,
ya que es la patria mía.
Tierra de arte y de cultura
rebosante de hermosura.
Por sus bellos monumentos
y sus nobles sentimientos,
yo la amo con locura.

Córdoba, 15 de enero de 2020

Décima a mi amigo Casimiro

Tengo un amigo pintor
y dibujante muy fino,
que de Villaralto vino.
Para mí es alto honor
ser de sus obras cantor.
Autor de recia entereza,
paladín de la belleza.
Su nombre es Casimiro,
todo un crack a quien admiro
por su amistad y nobleza.

El Vacar, 4 de mayo de 2020

Décima a mi hija Inmaculada[1]

Blanca rosa sonriente,
tierna flor de mi jardín,
con cara de serafín.
Eres agua de la fuente,
clara y fresca simplemente.
En tu rostro la hermosura
te colmó de donosura,
de color anacarado
en tu cuerpo inmaculado,
por tu belleza tan pura.

Córdoba, 17 de febrero de 1986

[1] Inma tiene 5 meses

Décima a mi nieto Alonso

¡Tengo un nieto muy hermoso!
¡Al mirarlo me embeleso,
pues corriendo me da un beso!
¡Para mí es tan precioso
con su rostro saleroso!
¡Loco por la travesura,
por el juego y la diablura!
¡Se esconde por los rincones!
¡Abre todos los cajones!
¡Yo lo quiero con locura!

El Vacar, 23 de septiembre de 2020

Dedicado a Antonio Machado

Andaluz noble y honrado,
tu poesía con gloria brilla
por su cadencia y agrado,
por su grata musiquilla.
Le cantaste alborozado
a Soria y a tu Sevilla.
Por tu amor apasionado
a tu Leonor y a Castilla;
por tu verso bien rimado
que deleita y maravilla,
eres poeta loado
desde Lugo hasta Melilla.
Hombre culto y educado,
con una vida sencilla;
tu verbo tan acertado
al honor nunca mancilla.
Describiste ilusionado,
como una linda canción,
todo el paisaje ondulado
de varia coloración,
por el Duero atravesado.
Siempre llamó tu atención
este terreno clavado
en tu alma cual rejón.
El tiempo fue tu aliado,

pues te dio la inspiración,
para ser abanderado
de toda humana emoción.
De vivir enamorado,
Guiomar te dio la pasión;
fue un amor muy destacado,
tu segunda adoración.
Hoy me siento alborozado
al decirte esta canción,
a ti, Antonio Machado,
maestro de profesión.
Poeta muy ensalzado
por cualquier generación.
El Nobel te fue negado,
no obtuviste galardón,
un error muy señalado
indignante y muy felón.
Tus obras me han encantado,
me han llegado al corazón

Córdoba, 13 de noviembre de 2019

Dedicado a Federico

El rojo tiñe las nubes
sobre los campos de España,
pues la sangre de los muertos
por el suelo se derrama,
desde Madrid a Bilbao,
desde Gijón a Granada.
Ayer murió Federico,
arrojado en una zanja,
acribillado a balazos
como si fuera alimaña.
La luna le dio su adiós
una fresca madrugada
y toditas las estrellas
desde el cielo lo miraban.
Medio planeta le llora
y el otro medio lo aclama.
Con sus versos sigue vivo
en los collados del alma,
cabalgando sin cesar
montado en su negra jaca.
A la muerte la venció,
con sus venas desangradas,
con la voz de sus poemas
nacidos junto a la Alhambra
y regados por el agua

que mana Sierra Nevada.
¡Gran poeta Federico,
noble hijo de esta España
que por un lado te quiere
y por el otro te mata!

El Vacar, 18 de agosto de 2020

Dedicado a Góngora

Paladín de la cultura,
cultivaste con soltura
el léxico y su estructura.
Cordobés siempre tú fuiste,
pues junto al Betis naciste.
Hasta el parnaso subiste,
por tus mágicos sonetos
en cuartetos y tercetos,
por tus versos tan repletos
de metáforas sonoras
y de figuras cantoras.
A tus obras las decoras
con palabras rutilantes,
con imágenes brillantes
pulidas como diamantes.
Por tus populares letrillas
de palabras muy sencillas;
en ellas a gusto brillas.
Por tu acertada expresión,
que obnubila la razón
y arrebata el corazón.
De Córdoba savia pura,
pues cantaste su hermosura
con afán y con mesura.

¡Góngora, excelso creador,
del neologismo impulsor
y de poetas mentor!
¡Para ti, gloria y honor!

Córdoba, 28 de octubre de 2019

Dedicado a Julio Anguita

En Córdoba no cantan los canarios,
la ciudad se ha empapado de tristeza,
los naranjos de luto se han vestido,
las torres con su capa de violeta.
Se ha marchado la voz que censuraba
la corrupción, el hambre y la guerra.
Un hombre revestido de honradez,
un ateo de espíritu profeta.
Maestro de un vivir reflexionado,
paladín de una crítica conciencia;
modelo de un honesto servidor
que rechazó opíparas prebendas.
Esta es la persona que se ha ido
de esta España bañada de tragedia,
con su maleta ligera de equipaje,
con su alma henchida de grandeza.

El Vacar, 19 de mayo de 2020

Dedicado a Magdalena Torres

¡Mujer entre mujeres!
¡Madre entre las madres!
¡Corazón de corazones,
lleno de fuerte espíritu y coraje,
donde todo el mundo tiene
un cálido hogar como hospedaje!
Aunque el sol se refugie en las montañas,
o se bañe en el fondo de los mares,
no por eso deja de alumbrar
y brillar su disco llameante.
Por eso, lo mismo que las nubes
cubren las montañas,
sin apenas rozarlas, con celajes,
quiero que estas letras te acompañen
y te sirvan de público homenaje.
¡Magdalena, te quiero como a madre!
¡Mujer entre mujeres!
¡Madre entre las madres!
¡Corazón de corazones,
lleno de fuerte espíritu y coraje!

Córdoba, 10 de octubre de 2008

Dedicado a Miguel Hernández

Como un lucero brillante en la noche negra.
Como un verde lentisco sobre la tierra seca.
Como una roja amapola sobre la fresca hierba.
Surgiste Miguel con tu poesía sincera.
Guardando los rebaños, cabrero solitario,
le hablabas a tu pueblo.
Tu voz se alzó como se alzan las espigas en el trigo.
Como suben las copas de los álamos al cielo.
Como las águilas se elevan a las alturas
para otear los lejanos horizontes.
De tu boca salían tus versos como nacen los verdes
trigales cuando el sol los calienta con sus besos.
Como mana el agua clara y limpia de una fuente.
Como surgen las estrellas en las despejadas
y serenas noches del verano.
Como se crían las jaras y romeros en las agrestes
sierras de levante.
Cantabas a la tierra, cantabas a la gente
tus sueños de justicia, nacidos de tu mente.
Querías despertarla para que rompiera sus grilletes
de incultura, de abandono y de desprecio.
Querías coronarla de amor y de respeto, de ansia
de cultura, de vida sin tormento.
Tu poesía pura y limpia como el aire
tras las abundantes lluvias del otoño, dura y amarga

como la vida de los pobres, libre como el vuelo
de los pájaros y, sobre todo, viva como la sangre
que corre por las venas...,
quería saciar la sed de siglos de llanto y sufrimiento.
Tu canto, cual fecunda simiente, ha dado luz,
vida y esperanza a mucha gente.
Fuiste tierra y la tierra no perece.
Tierra andaluza de Jaén, manchega de Castilla
y soleada de levante, de España entera que admira
la belleza de tu cante y llora tu ausencia con tristeza,
lamentando la injusticia de tu muerte, enfermo
y prisionero sin motivo, en la fría cárcel de Alicante.

El Vacar, 30 de diciembre 2021

Dedicado al Salvador Vinuesa en su cincuenta aniversario

En la última semana
de este abril primaveral,
en el Salvador vivimos
una semana especial.
Allá en los años setenta,
cincuenta años atrás,
abrió sus puertas el cole,
henchido del noble afán
de ayudar a sus alumnos,
de un modo serio y tenaz,
a ser personas formadas,
orgullo de esta ciudad.
Córdoba, romana y mora,
tan excelsa y califal,
con el Salvador consigue
a sus hijos educar.
Hoy, gozosos de alegría,
queremos concelebrar
juntos, maestros y alumnos,
su fecha fundacional.

Un colegio muy sencillo,
con medio siglo de edad,
que ha formado a sus alumnos
con respeto y libertad,
con cariño y en valores
fomentando la igualdad
entre todas las personas
que aquí han querido estudiar.
¡El nombre del Salvador
a los vientos sonará,
no por sus instalaciones,
que fueron de austeridad,
sino por la educación
que sus alumnos les da!
¡Un diamante de poniente!
¡Una joya califal!
¡Un centro de educación
difícil de superar!
¡Salve, Salvador Vinuesa,
gran colegio sin igual!

Córdoba, 7 de marzo de 2022

Dos claveles y una rosa

¡Dos claveles y una rosa
alegran la historia mía;
tres frutos de un gran amor,
sembrados con alegría!
¡Tres fechas inolvidables
tan brillantes como el día!
¡Tres ramas de un viejo tronco
que con ellas renacía!
¡Tres luceros relucientes
que mitigan mi agonía!
¡Tres corceles engendrados
con la mejor energía!
¡Tres jinetes que galopan
en alegre compañía;
mi deseo es que lo hagan
con unión y en sintonía!
¡Tres flechas muy especiales
lanzadas con empatía,
para cruzar siempre juntas
el mundo con gallardía!
¡Tres aves que unidas vuelan
con empuje y valentía!
¡Tres naves que surcan mares
con bandera de hidalguía!
¡Dos claveles y una rosa,

criados con lozanía
en el vientre de su madre,
que con amor los quería!
¡Tres frutos de la esperanza!
¡Tres estelas de ilusión,
que le regalan bonanza
a mi pobre corazón!

El Vacar, 20 de diciembre de 2020

El dolor

El dolor es un quejido del alma
que nadie puede escuchar,
es el bramido del viento
que no cesa de soplar;
es un volcán encendido
que nada puede apagar;
es un llanto inacabado
imposible de llorar;
es una herida profunda
que no cesa de sangrar;
es una reseca sed
que no se puede saciar;
es un puñal en el alma
que se clava más y más,
es tan fino y afilado
que te saja sin parar;
es un terrible alarido
que nunca al aire saldrá,
es un ardiente desierto
que te quema sin cesar,
es un corazón que estalla,
es un violento huracán,
es tan inmenso y tan hondo

que no cabe ni en el mar.
¿Qué es el dolor en suma?
Súfrelo y lo aprenderás.

Reina Sofía,
madrugada del 14 de febrero de 1986

El jardín de tu cuerpo

El negro azabache de la noche bajaba desde el cielo. Tu cuerpo exhalaba aromas de azucena y su olor dulcemente me embriagó. Traspasé el umbral de tu jardín y me alimenté de las encendidas rosas de tus labios; lirios de blanca palidez dormían en tu boca. Efluvios de jazmines se expandieron por el aire. Mis ojos te miraron y se bañaron en el mar esmeralda de los tuyos. Orquídeas granate florecieron en tus mejillas cuando mis manos acariciaron el dorado sol de tu cabello. Lava ardiente cimbreaba el delgado junco de tu talle; las lianas de tus brazos me atrajeron a tu seno.

Nuestros cuerpos como cuerdas de violines sonorosos bailaron juntos la danza del amor, mientras tu boca susurraba suspiros de alhelí. Gardenias, hortensias y buganvillas de encendidos colores estallaron en el aire, mientras el baile nos mecía suavemente. Las horas pasaron lentamente y un alba luminosa de claveles y gladiolos alumbró radiante de nuevo tu jardín.

No hay edén más hermoso que tu cuerpo, amada mía, compañera que has querido invitarme a tu jardín.

Córdoba, 7 de octubre de 2019

En honor a mi tierra

¡Es la tierra de Córdoba muy cálida!
Por su fértil campiña tan lozana
la primavera baila,
mostrando su belleza de gitana
por los llanos, las sierras y collados.
¡Qué preciosa vestida de esmeralda!
Es tierra siempre viva, nunca duerme,
ni en la noche más fresca y estrellada
del oloroso mayo.
Se muestra muy a gusto acicalada,
desde lejanos tiempos ancestrales,
luciendo una rica flora variada.
Las viñas, por las tierras albarizas,
los trigales, blandiendo bien su lanza,
caminan siempre unidos
por los campos y tierras de labranza.
Impresionan sus grandes olivares,
vestidos del color de la esperanza.
¡Qué orgulloso me siento de mi tierra!
¡Soy hijo de mi Córdoba la Llana!
¡Hija de Andalucía,
por el poder herida y olvidada!
¡Quiero ser para siempre paladín
de mi tierra, lejana y despreciada!

El Vacar, 27 de abril de 2021

En la víspera de mi santo

En el cielo los nimbos se retuercen
como espuma de nieve negra y blanca.
Hace calor y, en las encinas grandes,
tocan incansables las chicharras.
Un hombre en una mesa está escribiendo,
escuchando el sonar de sus guitarras.
Los mirlos picotean los perales,
las brevas se las comen las urracas.
A la mente le vienen pensamientos
que entristecen el fondo de su alma.
La falta de una vida consecuente,
que a los pobres y parias ayudara;
la lucha contra el hambre y la injusticia
debió de ser su auténtica cruzada.
La tarde va cayendo lentamente
con los trinos de pájaros que cantan.
Muere el sol entre piélagos de sangre,
que la noche los cubre con su capa;
capa negra teñida de azabache,
de luceros y estrellas adornada.
El hombre lanza al cielo su tristeza
de no haber terminado su cruzada;
las estrellas recogen su quejido
en la plata brillante de su cara;
tu lamento será la inspiración

para que otros acaben tu batalla.
Las estrellas le han hablado en silencio
con el morse brillante de su plata.
El hombre las observa fijamente
mientras vuelve despacio para casa.

El Vacar, 29 de mayo de 2020

En las montañas de Priego

En las montañas de Priego
vi bailar unas zagalas,
al son de viento que sopla
y al son del agua que mana,
con su pelo de azabache
y su talle de gitana.
Se movían como el aire
cuando silba entre las ramas.
Muchachas eran del pueblo,
de Zagrilla alta y baja,
curtidas por el trabajo
en estas bellas montañas,
cuyas cimas van al cielo
y en sus pies corren las aguas.
Me encantaron con su baile
entre cerros y cañadas,
vestidas de faralaes
con traje de sevillanas.
Honor regalan a Priego,
con su baile las zagalas,
por la gracia y el salero
nacido de sus fontanas.

El Vacar, 30 de octubre de 2020

En memoria de mi madre

En otoño, cuando florecen crisantemos y azaleas; cuando las aprisionadas castañas logran por fin liberarse de la incómoda cárcel que las aprisiona; cuando los madroños se visten de sus purpúreas capas de rojo carmesí y las encinas desprenden sus dulces bellotas; en esta lluviosa estación, cuando los ciervos proclaman a viva voz su amor apasionado y las altas cumbres de las montañas empiezan a vestirse de duelo fue cuando te dormiste, madre, en el sueño eterno de la muerte. Mis manos, que lavaban tu consumido cuerpo, te reclinaron sobre el lecho y cerraron tus ausentes ojos para siempre y mi corazón herido y sangrante acogió el quejido de tu último aliento.

Te apagaste, madre, lentamente, como se apaga la llama de la vela que ha consumido toda la cera que la mantiene viva; como poco a poco se levanta la niebla que cubre los valles bajo los cálidos rayos del sol; como este mismo sol se esconde muy despacio por el lejano horizonte tras las onduladas lomas de las montañas y como disminuye el murmullo del tren que se aleja hacia los azules montes y el águila se eleva hacia el cielo y su figura se desvanece entre los celajes de las nubes.

A lo largo de los tus últimos años te cuidé con filial cariño como tú lo hiciste conmigo cuando ni siquiera era capaz de balbucear tu nombre ni de dar siquiera un sólo paso; te convertiste en el correpasillos de mis piernas y tu amorosa mano cuidó de que nada malo me ocurriese. Fuiste el agua y el bálsamo que refrescaba mi piel cuando la fiebre y la enfermedad encendían y debilitaban mi cuerpo.

Por eso, ahora, en este otoño de mi vida, cuando de nuevo maduran madroños, castañas y bellotas; cuando sin falta florecen crisantemos y azaleas y cuando los ciervos cantan sus canciones de amor, te recuerdo con dulce cariño y revivo el instante en que tus ojos se cerraron a la tierra y tu voz se apagó con tu último suspiro. Descansa en paz, querida madre.

Córdoba, 6 de octubre de 2019

Entonces yo te buscaré...

Antes de que salga el sol en la solana, habrá cantado el gallo varias veces; los perros ladrarán con mucha fuerza y romperán el frágil silencio de la noche.

Todo se despierta y se remueve cuando el rey asoma su cabeza por la ondulada línea de los montes. Con las primeras luces empiezan a perfilarse los contornos de las encinas y de los altos pinos en las lejanas laderas que miran hacia oriente.

Un jabalí se esconde en los lentiscos.

Las alondras levantan el vuelo de los cañizos mientras solfean sus baladas matutinas.

Yo me asomo al mirador, orientado hacia el pantano, y siento que la tierra me observa con sus ojos oscuros que se abren con la luz de la mañana.

¡Siento que mi vida está en el agua que diviso!

¡En la tierra que me mira!

¡En el aire que respiro!

¡Y entonces yo te buscaré, cuando el sol dore las cumbres de las sierras en estos días grises del otoño!

¡Cuando los ciervos bramen en las navas, ansiando su fértil compañera!

¡Cuando los dorados castaños se desnuden de su húmedo ropaje!

¡Cuando el río cante con risa a borbotones, corriendo a fundirse en el pantano!

¡Oh, sí, yo te buscaré y te hallaré, vestida de bruma y madreselva, dormida en el seno de los bosques sobre un lecho de níscalos de oro!

¡Me dormiré junto a ti cogiendo tu blanca mano de azahar bajo el suave murmullo de las fuentes!

¡Sí, te buscaré!

El Vacar, 18 de octubre de 2020

Es la hora de buscarte

Con el verano,
mis años se maduran
igual que los trigos
dorados al sol.
Es la hora de buscarte,
cuando todo duerme en el bochorno de la siesta,
cuando las chicharras tocan sin cesar,
cuando sobre el río cae el cálido sopor
de las adelfas que se miran en sus aguas.
Sí, sé que tengo que buscarte,
ahora que todo arde como la llama del amor
que incendia a los amantes,
como el ardiente beso que pone en sazón
a los racimos en los verdes viñedos de la campiña.
Tengo que encontrarte antes de que el estío fenezca
y el grisáceo mastín del otoño enturbie
las cristalinas aguas del estanque
donde refrescamos nuestros cuerpos.
Sí, ahora que todo es cálido como tus labios carmesí.
Sí, ahora tengo que encontrarte.

El Vacar, 9 de julio de 2021

Las rojizas amapolas

Las rojizas amapolas
son las reinas de los campos;
se enamoran de los trigos
que las besan con sus tallos;
amarillos por la envidia,
los delgados jaramagos
se codean sin amor
con los espinosos cardos.
Las bonitas margaritas,
con sus pétalos tan blancos,
visten con capa nupcial
los regajos y los prados.
A mi amada le daré
de amapolas un gran ramo,
con violetas, azucenas
y verdes varas de nardo.
Las amapolas son sangre
de mi corazón humano,
que te ama, que te quiere...
sin exigir nada a cambio.
Y sus pétalos sangrientos,
por el amor transformados,
te acarician y te besan
como si fueran mis manos.

El Vacar, 27 de mayo de 2020

Me siento solo

A veces me siento solo,
como el aire que sopla por el valle,
como la luna reina de la noche,
como un barco sin remos ni velamen.
Sí, terriblemente solo;
igual que el leño que en el fuego arde,
igual que el pez que nada en la pecera
sin destino, sin puerto al que agarrarse.
Soledad es mi compañía,
pero no tengo quejas para nadie.
Me siento solitario en un desierto,
que consume mi espíritu y mi carne;
el cuerpo me lo quema con su fuego,
y su frío me hiela hasta la sangre.
La triste soledad de la amargura
me ciñe con dolor insoportable.
¡He de abrirme a la esperanza!
¡Buscar de nuevo el sol y calentarme!
¡Amar es el camino de la dicha,
que renueva mi espíritu y mi carne!

Córdoba, 8 de febrero de 2020

Mis amistades

Soy amigo de los mares,
de los vientos, de la brisa,
de los bosques esmeralda,
de las aguas cristalinas,
de los pájaros que trinan
sus canciones matutinas,
de las agrestes montañas
con sus crestas tan altivas;
soy amigo de los valles
con sus húmedas umbrías;
soy amigo de la noche
con las estrellas que brillan;
soy amigo de la gente,
que de su país emigra,
buscando nueva esperanza
que dé sentido a su vida;
soy amigo de los campos
que tiene mi Andalucía,
de sus pueblos y ciudades
que desbordan alegría;
amigo de las personas
que, con mucha valentía,
protestan contra la guerra,
contra el hambre y tiranía,
y quieren un mundo nuevo

sin basura ni inmundicia.
Soy amigo de las flores
que, justo al nacer el día,
adornan los verdes prados
de belleza y armonía.
Soy amigo del amor
que me llena de empatía,
de la fe, de la esperanza
y la grata compañía
de mi esposa, de mis hijos,
de mi familia querida.
Soy amigo de la luz
que a la noche la ilumina,
de la humana tolerancia,
de la paz y la justicia

Aguilar, 6 de noviembre de 1986

Navegué por tu seno

Navegué por tu seno como un nauta que surca mares procelosos de ansia y de aventura.

Me enamoré de ese océano de coral, de nácar y de espuma que me envolvía como un piélago bullente. Tus pechos emergían como rocas de durísimo diamante, suave y cálido como una noche estrellada del estío.

Poco a poco te fui descubriendo, como se aprecia el verdor de los árboles cuando la luz diurna va creciendo; como se perfilan las estrellas, cuando el sol oculto va muriendo, y así yo te descubrí desnuda ante mis ojos.

¡Oh, tú eres el timón de mi barco, la que dirige mi infinito empeño hacia la búsqueda de sentido a la larga travesía de la existencia! ¡La que llena el amarguísimo sabor de mi vacío! ¡La que consuela la dura soledad del navegante!

¡Por eso yo te amé en el silencio ignoto de la noche, entre el bramido de las olas embravecidas que movían nuestro barco!

Calmaste mi sed con néctar y ambrosía, mientras una lava derretida fundía nuestros cuerpos. ¡Así, amor mío, juntos, fundidos hasta la muerte!

El Vacar, 9 de octubre de 2020

Nuestra singladura

El mar vestido de esmeralda cantaba tu nombre y las olas repetían el estribillo suicidándose como locas contras las aristas de las duras rocas del acantilado bañadas de espumoso frenesí. Las gaviotas lo hilvanaban en el aire mientras con su ronca voz lo gritaban al viento que, gustoso, lo susurraba, mientras se deslizaba entre las hojas de los árboles y surfeaba sobre la turquesa piel del mar. Te vi entonces en el lejano horizonte como un verde destello que me sedujo con su fulgor, como faro para alumbrar mi vida, como brújula que marcaría mi destino, como sol que alumbraría mi existencia.

Compañera de aventura que vuelas a mi lado surcando mesetas y llanuras, sorteando volcanes y huracanes y manteniendo unidos este vuelo de años sin retorno, de alegrías y tristezas, de emoción y de cansancio, con subidas y altibajos que curten nuestras alas y funden nuestros corazones con el único objetivo de terminar juntos esta aventura de la vida, este infinito ciclo de nacer, crecer, amar y volar juntos hasta la triste ruptura de la muerte.

Te amo, compañera de mi vida.

Córdoba, 6 de octubre de 2019

Nuevo canto a Córdoba

¡Hoy mi voz con gran júbilo te canta
como nunca jamás te había cantado!
¡Hoy mi voz es cantar ilusionado
que volando hasta el cielo te levanta!

¡Hoy mi voz se acrecienta en mi garganta
con la fuerza de amor apasionado,
pues estoy por completo enamorado,
y ese amor a mi canto lo agiganta!

¡Hoy mi voz es aguda, como un grito
dedicado a mi Córdoba la Llana!
¡Tu belleza perdura como un mito!

¡Oh, fuente de hermosura soberana!
¡Oh, jardín de perfumes exquisito,
donde la gracia pura siempre mana!

El Vacar, 22 de marzo de 2021

Oda a la Naturaleza

¡Te alabo, oh, Natura!
¡Las montañas, los mares con el viento!
¡Formáis la esencia pura,
unida al firmamento,
para llenar mi vida de contento!

¡Por valles y collados,
crecen bosques espesos y frondosos
de árboles poblados!
¡Os veo muy hermosos,
y oxigenáis el aire generosos!

¡Oh, abejas doradas!
¡Cuando libáis el néctar con dulzura,
del polen sois bañadas,
y así de esta figura
fecundáis los frutales con premura!

¡Oh, agua limpia y clara
que manas de la fuente cristalina!
¡Qué dicha me dejara
tu aria matutina,
con tu linda voz pura y cantarina!

¡Oh, pájaros cantores
que voláis en las ramas con soltura!
¡Lo mismo que las flores,
con toda su frescura,
aumentáis de la tierra su hermosura!

¡Despiérteme el sonido
de las aves que trinan sus canciones,
en un prado florido,
sembrado de ilusiones,
de rojas amapolas y almirones!

¡Me siento conmovido
escuchando a los pájaros cantores!
¡Me quedo así transido,
gozando los favores
de las aves y el campo con sus flores!

¡Cuando observo la sierra
de riscos y roquedas coronada,
mi pena se destierra,
al gozar consolada
con tan pura belleza destacada!

¡Cuando contemplo el cielo
de pájaros y nubes adornado,
en el alma siento anhelo
y un gusto concentrado
por volar como siempre he deseado!

¡Cuando oigo el sonido
de las aguas que manan de la fuente,
percibo un son divino,
muy suave y muy doliente,
que me impulsa con fuerza muy ardiente!

¡Me encuentro muy contento
gozando de este mundo tan hermoso!
¡Qué a gusto yo me siento,
alegre y animoso,
cantando a este planeta fabuloso!

Córdoba, 28 y 29 de diciembre de 2019

Oda a mi amada

¡De flores las guirnaldas
adornan tus cabellos, sol ardiente!
¡Tus ojos esmeraldas
me miran fijamente,
penetrando hasta el fondo de mi mente!

¡Tu cara sonrosada,
en las frescas mañanas del verano,
brillaba enamorada!
¡Debajo de un manzano
de rodillas besé tu blanca mano!

¡Te fuiste presurosa
sin oír mis lamentos de alma rota!
¡Qué pena dolorosa
mi corazón embota
y a mi espíritu daña y alborota!

¡Detente, viento helado!
¡No ondees su cabello recogido
de tono jaspeado!
¡Es un lecho florido
donde muchos suspiros se han dormido!

¡En la noche estrellada
los luceros ya anuncian a la aurora!
¡Qué dicha sosegada!
¡Qué calma tan sonora,
te hipnotiza, te embriaga y enamora!

¡Oh, fuente cristalina!
¡Las aves te rodean con sus trinos!
¡Suena la mandolina
por sendas y caminos!
¡Su música unirá nuestros destinos!

¡Buscando voy mi amor!
¡Palomas que voláis por las alturas!
¡Os ruego, por favor,
mirad las espesuras,
los sotos y los lagos de aguas puras!

¡Buscadme a mi amada!
¡Decidle que de amores peno y muero!
¡Mi alma está encerrada,
me siento prisionero
esperando la joya que más quiero!

¡Oh, ninfas terrenales,
que moráis en los bosques y las flores!
¡Ornadas de corales
con trajes de colores,
cantad al mundo entero mis amores!

¡A las aguas turquesas
que abundáis en los lagos y los mares
y del hielo sois presas!

¡Buscadla en vuestros lares
y aliviad mis lamentos y pesares!

¡Ya sé dónde encontrarte,
pastora de los campos de olivares!
¡Allí podré gozarte
oyendo los cantares
del viento que susurra entre pinares!

¡Vendrás a las montañas
a morar en sus valles tan preciosos!
¡Con la luna te bañas!
¡Por fin somos dichosos
oyendo nuestros silbos amorosos!

Córdoba, 30 y 31 de diciembre de 2019

Para Aguilar

Es en Aguilar tarde vespertina
de un otoño bañado por el viento.
Hora de luz dorada, tan divina,
arrebolada de oro y de portento.

Magia pura del día que declina;
sol que muere de rojo sufrimiento.
Rica herencia de piedra que culmina
en tu alcázar de gloria y de lamento.

Luz que dora tu plaza cincelada,
prodigio de elegante arquitectura,
y a tu torre de horas coronada,

espadaña del arte y la cultura.
¡Tienes aires de dama y de princesa!
¡Alma de la campiña cordobesa!

Aguilar, 23 de octubre de 1986

Por Puerto Calatraveño

En el camino hacia el norte,
por Puerto Calatraveño,
me encontré a una muchacha
preciosa como un lucero,
su rostro de nieve pura
y su cabello muy negro,
su cuello de piel de seda
y sus ojos como el cielo.
Hermosa como la luna
las noches de cielo abierto.
¿Qué haces aquí, chavala,
en este monte tan lejos?
Atiendo a este ganado
con ayuda de mis perros;
tengo cabras, tengo ovejas
y también muchos corderos.
Como ves, soy la pastora
del pueblo de Alcaracejos.
Me enamoré de su talle,
bailando al son del viento,
de sus manos tan curtidas
con olor a flor de heno
y de sus ágiles piernas
veloces como los ciervos.
¡Pastora que me enamoras

con tu voz y con tu cuerpo,
con tu pelo de azabache
y con tus ojos de cielo!
¡Vente conmigo hacia el norte
y deja el Calatraveño!
¡Te vestiré de damasco
en mi palacio de invierno
y desde ahora serás
princesa de Alcaracejos!
No temas por tus ovejas,
ni por tus lindos corderos
que pacen alegres los montes
por las navas y roquedos;
ellos saben que vendrás,
volando como un jilguero,
y les cantarás canciones
con tu voz de terciopelo,
que ahuyentarán a los lobos
con ayuda de tus perros.
¡Pastora de esta majada
en Puerto Calatraveño!
¡Ninfa de agrestes montañas!
¡Princesa de Alcaracejos!

Córdoba, 29 de enero de 2020

Por la mañana temprano

Por la mañana temprano,
cuando despiertan las flores,
cuando canta la calandria
su bello canto de amores,
cuando el sol besa la niebla
en los primeros albores,
la tierra entera respira,
y salen los labradores
a trabajar en el campo
derramando sus sudores;
la brisa besa los trigos
con sus suaves temblores
y las rojas amapolas
incrementan sus rubores;
mi alma también despierta
olvidando sus dolores,
buscando que el nuevo día
la impulse con sus calores:
ser una buena persona
respetando a los mayores;
ayudar a desvalidos
a mitigar sus pavores;
luchar por un mundo nuevo
sin falaces dictadores;
librar la naturaleza

de humanos depredadores,
apagando así sus gritos
y sus terribles clamores.
¡A vosotros, mis amigos,
los pajarillos cantores,
los jilgueros y canarios,
alondras y ruiseñores,
que moráis en las montañas
y en los floridos alcores,
os pido que me ayudéis,
os ruego vuestros favores;
endulzad con vuestros trinos
mis angustias y temores!

Córdoba, 7 de febrero de 2020

Quiero caminar junto a ti

Quiero caminar junto a ti.
Entraré despacito en tu recinto
y te diré palabras que nunca oíste;
palabras de amor,
que llenarán tu alma de néctar y ambrosía;
mensajes arcanos,
que despertarán en ti dulces melodías;
secretos ardientes,
que fundirán tu corazón con el mío.
Quiero vivir junto a ti.
Entraré despacito, de puntillas.
Me quedaré en silencio mirándote.
Guardaré tu sueño, enamorado.
Cuidaré de que nada te despierte.
Quiero morir junto a ti.
Entraré despacito, suavemente.
Cogido de tu mano,
aguardaré el instante en que la noche se termina.
Unidos nuestros rostros,
cerraremos los ojos del cuerpo dulcemente,
y los dos, fundidas nuestras almas,
un último paseo daremos.
Volaremos hacia el reino del amor, del silencio

y de la paz.
Los dos unidos para siempre.

Reina Sofía,
madrugada del 31 de enero de 1986

Redondillas serranas

Junto al pantano, el pinar;
junto al pinar, olivares
y vetustos encinares
de belleza singular.

¡Qué precioso es el paisaje
dibujado en estas sierras,
entre las cárdenas tierras
y su verdoso ramaje!

¡Allá en el valle, escondido
entre las jaras en flor,
nació este cálido amor
que me tiene sorprendido!

¡Los pájaros todos cantan
por los floridos alcores,
al oírlos mis amores
con sus trinos se agigantan!

¡Tus ojos verdes, pastora,
en mi alma han despertado
ilusión de enamorado
que tus favores implora!

¡Me encandila tu figura
sobre el cielo destacada,
con tu cara sonrosada
rebosante de hermosura!

¡Con los fresnos y abedules
en el fresco fontanar,
te forjaré un altar
sobre los montes azules!

¡Es tu cabello dorado
que se ondula con el viento,
con su dulce movimiento
me dejaste bien atado!

¡Te quiero, ninfa del monte,
pastora de los ganados
que pacen en verdes prados
hasta el lejano horizonte!

El Vacar, 9 de enero de 2021

Retrato de mi padre

Su estatura es la normal.
En su forma de vestir
y en su modo de vivir,
mi padre es puro rural.

El rostro más bien gracioso,
con la frente despejada
y su nariz pronunciada;
su pelo recio y canoso.

Sus ojos castaños hermosos,
las orejas alargadas;
sus cejas son perfiladas,
los labios no son carnosos.

El cuerpo firme y seguro.
Sus manos grandes y fuertes,
sus piernas muy resistentes,
el brazo muy blanco y duro.

Sus pies caminan ligeros,
sin ser de gran longitud;
se mueve con prontitud
y castañea los dedos.

Su cara está bronceada
y con muy pocas arrugas;
no presenta ni verrugas
en su piel anacarada.

De genio pronto y ligero,
pero de gran corazón;
abandona su razón,
para servir el primero.

Inteligente y vivaz.
A veces es testarudo
y quizás un tanto rudo.
Es expresivo y locuaz.

Ejemplo de amante esposo,
padre y abuelo ejemplar;
sin medida en el amar,
de corazón generoso.

En el comer delicado,
en el servir diligente,
en el amor excelente,
en el juego apasionado.

Valiente en la adversidad,
aguanta firme y tenaz.
Para el trabajo capaz.
Sereno en la enfermedad.

Con toda facilidad
olvida muy prontamente,
y guarda celosamente

el cariño y la amistad.
Le gusta saber de todo
y defiende con pasión
su verdad y su razón,
aunque se exceda en el modo.

Le gusta mucho cantar
sus canciones preferidas;
a las personas queridas
no les cesa de expresar

con voces y con frescura
su amoroso sentimiento.
Su gran apasionamiento
es prodigio de ternura.

Este es mi padre querido
que ahora yace postrado,
con un riñón destrozado
y por el dolor herido;
desde tiempo sostenido
sólo por su corazón,
que infla de nueva ilusión
su cuerpo casi acabado,
de médicos desahuciado
tras su gran operación.

Reina Sofía, 21 y 24 de febrero de 1986

Romance a Córdoba

Desde la sierra hasta el río,
preciosa alfombra dorada,
Córdoba desprende magia
romana, mora y cristiana.
Como una mujer hermosa
luce muy bellas alhajas;
la primera es la Mezquita,
diamante de sus aljamas.
Como brillante pulido
fue el palacio de Azahara;
a todo el orbe llegó
el destello de su fama.
El alcázar se presenta
como dorada esmeralda;
en el río se reflejan
sus torres bien cimentadas.
La Calahorra, un topacio,
junto al puente bien plantada.
Turquesa el Guadalquivir,
con sus aguas plateadas
fluye sereno y tranquilo
levantando frescas auras.
Viejos molinos soportan
el ímpetu de mil riadas
y resisten fieramente

como la noria Albolafia.
En sus sotos se cobija
una variada fauna;
monumento natural
que el mundo entero lo aclama.
El puente romano surge
de estas líquidas entrañas,
como diadema y corona
que las ciñe y las ensalza.
La catedral con su torre,
de Rafael coronada,
que el gran Hernán construyera
como una nueva Giralda,
unidas a las iglesias
que San Fernando elevara,
se dibujan en el cielo
como devotas tiaras.
San Andrés y San Lorenzo,
de magnífica portada;
San Pedro y la Magdalena,
famosas y renombradas;
la recia Santa Marina,
conocida de Aguas Santas;
San Nicolás y Santiago,
con otras no enumeradas,
destacan por su belleza
en mi Córdoba la Llana.
El murmullo de tus fuentes,
los oasis de tus plazas,
el Cristo de los Faroles,
los palacios de Viana,
del Carpio, de Villalones
y también de la Fuensanta

son otros tantos rubíes
que tu hermosura resaltan.
La Corredera, un zafiro,
tallado en forma de plaza,
pintada de color rojo
en sus pilares y arcadas;
de sus balcones se cuelgan
gitanillas, albahacas,
geranios y clavellinas
que sus olores exhalan;
el aroma es penetrante
por toda la balaustrada
y se expande por el aire
de las frescas madrugadas.
En la plazuela del Potro
hay una antigua posada,
que, del hospital de enfrente,
está siempre enamorada,
ya que conserva los cuadros
que nuestro Julio pintara.
La judería es un barrio
bordado de filigrana;
estrechas calles floridas
llenas de casitas blancas.
Córdoba entera atesora
el embrujo que cantaran
Machado, Azorín y Lorca
con sus voces afamadas.
Si todos tus monumentos
son joyas que te engalanan,
más preciosas son aún
las que tus hijos encarnan.
Séneca, estoico filósofo

de la época romana;
Lucano, noble poeta
autor de la Farsalia;
famoso obispo fue Osio
de la religión cristiana;
Ibn Zaydun en poesía
y la princesa Wallada;
Abderramán, el califa
que conquistó media España;
Averroes y Maimónides
en la era musulmana;
Góngora elevó a la cumbre
la poesía castellana.
El duque de Rivas, Ángel,
adquirió notable fama,
con su tragedia romántica
a la ópera llevada.
Julio Romero plasmó
a la mujer tan lozana
con sus ojos azabache
que te enamora y encanta.
Es imposible nombrar
a una familia tan amplia
de filósofos y médicos,
de sabios de talla alta,
escultores y pintores,
orfebres de oro y plata,
artistas y dramaturgos
que a la gloria te levantan.
Si cordobés yo no fuera,
quisiera que circulara
por la sangre de mis venas
el espíritu que empapa

de tus guerreros el brazo,
de tus poetas el alma
y el corazón de tus mártires
en ardores los inflama.
¡Gran honor es para mí
ser fruto de tus entrañas!

Córdoba, 17 de junio de 1985

Romance a la bandera andaluza

¡Es la bandera andaluza
blanca y verde, verde y blanca!
Verde como sus olivos,
blanca como son sus casas;
tiene el verdor de los pinos
a la luz de la mañana;
es blanca como la nieve
que cubre Sierra Nevada;
verde como sus trigales,
con sus amapolas grana;
es blanca como la sal,
que en San Fernando se saca;
verde como las palmeras,
que hacia el cielo se levantan;
blanca como son las jaras
en el Coto de Doñana;
goza del mismo verdor
que la vega de Granada;
es blanca como la leche
ordeñada de sus cabras;
verde como los lentiscos
que crecen en sus montañas.

Mientras que flamea al viento,
baila como una gitana;
ondea con marcial pose,
por su ascendencia romana
y embruja con su figura,
por su sangre musulmana.
¡Es la bandera andaluza
blanca y verde, verde y blanca!
¡Un grito de libertad!
¡Una señal de esperanza!
¡Una espadaña de fe!
¡Un orgullo para España!

Córdoba, 11 de diciembre de 2019

Si mis nietos preguntan por mí

Si algún día, cuando ya no esté,
mis nietos preguntan por mí,
decidles que me he marchado
a países lejanos,
a descubrir misterios ocultos
y secretos arcanos,
allá, muy muy lejos,
donde el mar y las montañas se unen
bajo un cielo celeste;
donde las estrellas peinan
sus cabellos de plata,
donde el viento se duerme
en brazos de la aurora.
Allí, si me buscan,
me encontrarán entre los montes,
contemplando el fresco amanecer,
bajo el rosáceo manto
que adorna al rubio sol;
contemplando el eterno y rojo atardecer
de los días que nacen y mueren;
escuchando el trino de los pájaros
y la limpia risa del agua cantarina,
que corre, salta y juega en los arroyos.
Sí, allí estaré escondido entre la niebla
y jugando con el viento,

esperando ver sus caras sonrosadas,
sus ojos como el cielo,
y sus tiernas voces diciendo:
¿dónde estás, abelo?

El Vacar, 8 de noviembre de 2020

Sobre mi padre

En el año diecinueve,
en el frío mes de enero,
nació un niño muy blanco
por las montañas de Obejo.
Nació siendo huerfanito,
su padre ya había muerto.
Tuvo que ir a la escuela,
pues no era analfabeto;
dominaba la lectura
y escribía con acierto.
Desde muy temprana edad
trabajó como porquero,
cuidando cerdos y ovejas
por quebradas y por cerros.
Su madre, vuelta a casar,
tuvo que salir del pueblo:
a La Victoria llegaron
siendo mi padre mozuelo;
allí conoció a mi madre,
su único amor primero.
Se trataron mutuamente
con amor y con respeto.
Pronto, muy enamorados,
el sí te amo se dieron.
Los dos juntos ya casados

a Córdoba se vinieron
y alquilaron una sala
en el barrio del Realejo;
una sala sin ventanas
de un muy vetusto convento;
treinta familias vivían,
todas bajo el mismo techo.
Allí nacieron sus hijos,
Paco se llamó el primero;
de la noche a la mañana
Paquito voló p'al cielo.
El segundo fue Fernando,
que está escribiendo estos versos.
Entre aprietos y penurias
con cariño se quisieron.
A mediados del cincuenta,
una casita le dieron,
un palacio para pobres
en el barrio de Cañero.
Allí nació el tercer hijo,
Antonio, el más pequeño.
Entre penas y alegrías
muy unidos convivieron.
Mis padres siempre juntitos
a todos lados que fueron.
Compartieron la pobreza,
el trabajo y el dinero,
que, poco a poco, ganaron
con su trabajo y esfuerzo.
Los dos eran uña y carne,
siempre unidos, sin recelo.
Así pasaron los años
hasta su fallecimiento.

Estos versos los escribo
lleno de gran sentimiento,
en su homenaje y honor,
como mi agradecimiento,
por ser fruto de su amor
y cuidarme con desvelo.

El Vacar, 8 de octubre de 2020

Son tus ojos verdes mares

Son tus ojos verdes mares
llenitos de caracolas,
y las blancas gaviotas
surfean sobre sus olas.

Son tus ojos manantiales
que manan agua de rosas
y fecundan el jardín
de tu cara tan preciosa.

Son tus ojos dos estrellas
que por la noche se tornan
en musas de inspiración,
que en mi corazón se alojan.

Son tus ojos dos turquesas,
relucientes como joyas,
que te miran y te hechizan
de forma cautivadora.

¡Mírame de nuevo a mí
con tus ojos de pastora,
para curar las heridas
que tienen mi alma rota!

Córdoba, 12 de marzo de 2020

Soneto a Aguilar de la Frontera

¡Oh, esbelta torre de horas coronada!
¡Oh, inmensa plaza ochava de armonía!
¡Oh, explanada repleta de alegría,
por la cal y la piedra engalanada!

¡Oh, iglesias y conventos centenarios,
que guardáis en vosotros con usura
los míticos tesoros de cultura,
provenientes de tiempos legendarios!

¡Oh, lomas de viñedos esmaltadas,
sombreadas de verdes olivares!
¡Nobles gentes vivieron en tu suelo!

¡Alta gloria te dan los Aguilares,
que en tu alcázar plantaron sus moradas,
y tu fama encumbraron hasta el cielo!

¡Sólo tú eres mi anhelo,
sangrante corazón de Andalucía!
¡Oh, fiel Ipagro! ¡Oh, Poley! ¡Oh, patria mía!

Aguilar, 18 de febrero de 1985
(retocado el 29 de septiembre 1986)

Soneto a Montilla

Cuajada de antiquísimos lagares
—de Jerez y sus caldos pesadilla—,
famosa por sus vinos es Montilla,
que llenan de alegría los hogares.

Viñedos, olivares y cortijos,
ya formaron tu dote de princesa,
¡reina de la campiña cordobesa!
Te coronó la gloria de tus hijos.

Si Gonzalo en Italia fue guerrero
—el esforzado y Grande Capitán—,
Solano de la paz fue mensajero

por las tierras del gran Caupolicán;
paladín del amor, gran misionero,
como aquí entre tus gentes fue San Juan.

Aguilar, 23 de octubre de 1985

Soneto a mi compañera

Cuando miro tu cara sonrosada
y tus ojos de verde primavera,
mi pulso se acelera en tal manera,
que despierta mi alma atribulada.

¡Oh, mi Trini, mi recia compañera,
buena madre y esposa destacada,
del amor de tus hijos coronada!
¡Siempre has sido mi bella cortijera!

¡Con las manos unidas caminamos;
me siento muy feliz y muy gozoso,
pues así hasta el ocaso los dos vamos,

haga frío o calor, o esté nuboso!
De este modo las penas derrotamos.
¡Junto a ti viviré siempre dichoso!

El Vacar, 22 de abril de 2020

Soneto a mi esposa

Tus ojos son dos verdes esmeraldas,
tu cara bella aurora de colores;
es tu boca colmena de dulzores,
tus dientes madreperlas esmaltadas.

Tus senos son dos rosas perfumadas
que exhalan primorosas sus olores,
surtidores que dan blancos amores,
polos de nuestras almas enlazadas.

Tus ojos son también dos manantiales
en los que muchas veces me he mirado;
tus labios son bellísimos corales.

Tu seno es verde campo de trigales
en los que dos espigas se han formado[2]*,*
que en garbo y en belleza son rivales.

Aguilar y Córdoba, 12 de marzo de 1985

[2] Mi hija aún no había nacido.

Soneto a mi hija Inmaculada

En los últimos días del estío,
como fruta olorosa y delicada,
se maduró mi hija Inmaculada[3]*,*
que nació con las gotas del rocío.

Si sus ojos me miran desvarío.
Al sonreír su boca perfumada,
se ilumina su cara sonrosada
y su risa conturba mi albedrío.

¡Dios te dio de la luna su hermosura
y del sol recibiste sus colores!
¡En mi alma despiertas la ternura,

pues tienes la belleza de las flores
y de valles y prados su hermosura!
¡Tierna reina de todos mis amores!

Córdoba, 10 de diciembre de 1985

[3] Inmaculada tiene tres meses.

Soneto a mi amiga Marisa

Luceros son tus ojos, ¡oh, Marisa!,
preciosos, tan azules como el mar;
un trocito de cielo es tu mirar,
una gloria bendita tu sonrisa.

¡Qué alegre es el sonido de tu risa!
Estás siempre dispuesta a conversar.
¡Qué sonoro!, ¡qué fresco tu cantar!
Oro son tus cabellos, ¡oh, Marisa!

El nácar a tu boca ha regalado
finas perlas tan blancas cual coral;
el carmín tu mejilla ha sonrosado

e ilumina tu rostro virginal.
Tu cutis de pequitas se ha pintado
y se muestra sencillo y natural.

Aguilar, 22 de octubre de 1986

Soneto a mi amiga Patro

Tras larga y complicada enfermedad,
has luchado guerrera con la muerte;
ahora, que tu cuerpo yace inerte,
quisiera agradecerte tu amistad.

Recuerdo los días de Navidad;
caminabas con paz, sin detenerte,
para alegrar, con tu voz clara y fuerte,
a personas de la tercera edad.

Tu entereza y tu lucha denodada,
son ejemplo de todos a imitar.
¡Con el cielo serás galardonada,

amiga muy querida y destacada
que nunca te podremos olvidar!
¡Patro, esposa y madre bien amada!

El Vacar, 25 de abril de 2020

Soneto a mi hijo Antonio Ángel

Tu cabello cual oro ensortijado
en cabeza de rubio querubín;
tu sonrisa de alegre serafín
que hasta al mismo cielo has cautivado.

Tu cara terciopelo anacarado,
sedoso y perfumado cual jazmín.
De mi casa eres tú bello jardín,
por mi brazo amoroso bien cuidado.

Tu mano dulcemente me acaricia;
tus ojos luminosos me han mirado.
No existe para mí mayor delicia

que verte sano y fuerte, sonrosado.
Quererte con locura es mi avaricia,
Antonio[4]*, hijo, ángel bien amado.*

Córdoba, 28 de mayo de 1985

[4] Antonio cumple hoy dos años.

Soneto a mi hijo Francisco Fernando

Sol dorado es tu pelo esplendoroso,
blanca luna tu cara reluciente,
tus ojos dos luceros mismamente,
finísimo es tu rostro tan precioso.

Eres gamo que corres presuroso,
ave tierna de porte inteligente.
Como rayo te mueves diligente,
como trueno retumbas bien ruidoso.

Si del mundo me diesen todo el oro
y tener de este modo que perderte,
diría que eres mío poro a poro

y que sólo por causa de la muerte
podría renunciar yo a mi tesoro;
Francisco[5] mi tesoro es el quererte.

Córdoba, 29 de mayo de 1985

---

[5] Francisco tiene cuatro años.

Soneto a mi nieta Micaela en su cuarto cumpleaños

¡Eres pequeña, menuda, preciosa,
como el sol cuando brilla en los alcores!
¡Eres linda, la reina de las flores
con tu cara de pétalos de rosa!

¡Expresiva, muy viva y salerosa!
¡Con tu gracia consigues los favores,
los aplausos, los vítores y honores,
parlanchina, simpática y graciosa!

¡Micaela, mi nieta principal,
me atolondro muchísimo, en verdad,
mirando tu bellísima figura!

¡Oh, mi niña, regalo celestial!
¡Te deseo un alma de bondad
y un cuerpo deslumbrante de hermosura!

El Vacar, 2 de octubre de 2020

Soneto a mi nieta Micaela

En tu carita, pétalos y tules
cual una rosa blanca y perfumada.
Cautiva tu simpática mirada
que fluye de tus dos soles azules.

De perlitas de nácar son tus dientes;
tu preciosa boquita de piñón,
que conmueve y alegra el corazón,
mostrando tus labios siempre sonrientes.

Despierta, con figura inteligente,
en tus cabellos luengos y sedosos
al corazón atrapas firmemente.

Mi reina, mi princesa tan jovial,
con tus ojos tan lindos, tan hermosos,
me pareces un hada celestial.

¡Micaela, mi niña, mi tesoro!
La vida me regala tu sonrisa
como el viento me besa con su brisa;
por eso yo te quiero, yo te adoro.

Córdoba, 14 de febrero y 11 de marzo de 2018

Soneto a mi nieto Alonso

Es mi nieto muy guapo y revoltoso:
sus ojos como el cielo de azulados,
sus cabellos muy largos y dorados,
sus piernas lo trasladan sin reposo.

¡Pero todos lo vemos tan hermoso!
¡Con su risa nos tiene enamorados!
¡Con sus gritos nos deja atolondrados!
¡Alonso es mi niño tan precioso,

pues tiene la belleza de las flores
y el color nacarado del jazmín!
¡Mi pequeño, despiertas mis amores

con tus labios sedosos de carmín!
¡Con tu risa alejas mis temores,
mi querido rubito, querubín!

Córdoba, 7 de enero de 2020

Soneto a mi padre

A mi padre le quiero dedicar
estos versos, escritos con ternura,
cuando colmada y llena de amargura,
mi alma de tristeza va a estallar.

Tu vida para siempre va a quedar
como ejemplo de savia recia y pura,
pues sufriste, callado, la tortura
con que el dolor te quiso coronar.

¡Tú viviste con naturalidad
el amor, el trabajo, el sufrimiento...
de una forma valiente de verdad!

¡Qué orgulloso de ti, padre, me siento!
Lo escribo para la posteridad
y lo digo con grande sentimiento.

Reina Sofía,
madrugada del 1 de febrero de 1986

Soneto a mis padres

Recuerdo con muchísima alegría
la forma en que mis padres me educaron;
con ella diligentes me criaron
cuando aún por mis años no podía

vivir sin su tutela un solo día.
Estos años felices se pasaron
y en mí, muy lentamente, destilaron
la miel dulce, el jarabe y la arropía.

No pudieron comprarme ricos paños,
pero siempre me dieron su querer
y en mí depositaron sus anhelos.

Hoy me siento maduro por los años
y a mis padres les quiero agradecer
su educación, caricias y desvelos

Aguílar, 31 de octubre de 1985

Soneto a mis setenta

He cumplido en el tiempo los setenta
y me siento cansado y con dolor;
en el alma percibo un amargor
que a mi vida la pone descontenta.

La noche se aloja en mi existencia,
pues el sol, que brillaba en mi interior,
y a mi alma abrigaba con calor,
ya no fulge ni alumbra mi conciencia.

Anhelo despertar de este letargo
y sonreír de nuevo a la ilusión;
traspasar este sueño tan amargo

que anestesia y que hiela el corazón.
Superar este estado, sin embargo,
necesita mi esfuerzo y mi tesón.

Córdoba, 1 de abril de 2019

Soneto en la agonía de mi padre

Demudado en el rostro ya el color,
reflejando en su cara la agonía,
con la muerte una lucha debatía
en su lecho postrado de dolor.

¡Qué entereza y qué grande pundonor!
¡Qué bravura y qué grande valentía!
Su vida poco a poco se extinguía,
moría lentamente con valor.

La Virgen Santa Madre del Señor,
San Benito, al que acudiste confiado,
te concedan la palma y el honor

de vivir en el cielo perdonado,
pues aquí bien sufriste y con rigor
lo mismo que Jesús Crucificado.

Reina Sofía, 14 de febrero de 1986

Soneto en las últimas horas de mi padre

Te veo subir, padre, la escalera
que fría te conduce hasta la muerte;
tu mirada vacía, el cuerpo inerte,
de llagas y de escaras cruel cantera.

Ya no verás nacer la primavera;
tus ojos los agobia gran tristeza;
es tu cara amarilla sin belleza,
y tu piel sin colores, cual madera.

Cuando oigo escuchar tus alaridos,
que expresan por la boca tu dolor,
se me nubla la vista y mis sentidos

se elevan suplicantes al Señor:
«¡Aplaca, Tú que puedes, sus quejidos,
acógelo en tu seno, por favor!».

Reina Sofía,
madrugada del día 6 de marzo de 1986,
día de la muerte de mi padre

Soneto en nuestras bodas de rubí

Tras cuarenta años aún te quiero.
En silencio, bajito, te lo digo,
y pongo al cielo azul como testigo,
pues mi amor es profundo y verdadero.

¡Me embruja tu mirar tan hechicero
que me empuja a vivir siempre contigo!
¡Anhelo de tus brazos su cobijo,
estrella que iluminas mi sendero!

¡Tu seno perfumado de jazmines
me embriaga como dulce de arropía!
¡Tu risa es el sol en los jardines

que mitiga mi pena y mi agonía!
¡Música de clarines y violines
que suenan en mi alma noche y día!

El Vacar, 9 de agosto de 2020

Soy amigo de los astros

Son mis amigos los astros,
los luceros y planetas,
los mares y las montañas
que acompañan mi tristeza.
Soy amigo de las aves
que entre los árboles vuelan;
del viento que me susurra
canciones para mi pena;
de los campos y los prados
cubiertos de iris violeta;
de la noche que se viste
su negro manto de estrellas;
de los pájaros que trinan
ocultos en la alameda;
de las fuentes y los ríos
que cantan su cantinela.
Soy amigo de las flores
que crecen en primavera,
de las rosas y claveles,
del jazmín y la verbena,
de las lindas margaritas
y la verde hierbabuena.
Amigo soy de los montes
que tiene Sierra Morena
y de las verdes campiñas

que llegan hasta Lucena.
Soy amigo de la paz
y enemigo de la guerra.
Amigo soy de la aurora,
que te anuncia con certeza
que la luz rápido avanza,
pues el sol ya se despierta.
Soy amigo de la gente
que no cambia de chaqueta
y que siempre está contigo
en las malas y en las buenas.
A todos estos amigos
yo los quiero muy de veras.

Córdoba, 10 de enero de 2020

Sueños aguilarenses

En contadas ocasiones
me pongo a reflexionar
con los ojos bien abiertos,
para poder admirar
la belleza que destilan
estos campos de Aguilar:
suaves cerros ondulados,
llenos de verde olivar;
dulces viñedos plantados
en torno a un blanco lagar.
El azul que baña el colegio
es como limpio cristal,
donde se miran los predios
que te ciñen, Aguilar.
Los olivos que bordean
tu blanca y bella ciudad
son como mozos fornidos,
que quisiesen cortejar
a las aves malvasías
que anidan en tu Zóñar.
El olivo se acicala
—antiquísimo galán—
de negrísimas olivas,
que parecen titilar
como brillantes pupilas

de zagala virginal.
Los zorzales, atraídos
por tan goloso manjar,
en sus brazos se columpian
en animado compás.
El viento quiere también
pararse a considerar
la belleza que destila
el entorno de Aguilar,
y deja el tiempo sereno
con calma y tranquilidad.
La noche apresura el paso
y apaga la claridad
que envuelve en tonos dorados
estos campos de Aguilar.
Las estrellas lentamente,
con su pequeño fanal,
pincelan sobre las lomas
extraña luz espectral.
Las lechuzas y los búhos
comienzan a despertar,
y los nocturnos murciélagos
hilvanan la oscuridad.
De pronto, en el horizonte,
¡qué belleza sepulcral!;
velos de sangre acompañan
al frío disco lunar.
El agua de la laguna
quiere a Selene atrapar
en las líquidas entrañas
de su seno de cristal;
la llama una y mil veces
para poderla agarrar

y así quedar ella sola
como reina del lugar;
la luna que la conoce
nunca se deja engañar
y con paso lento y claro
se acerca presta a besar
esa piel líquida y fría
con sus besos de metal,
Sólo la torre se atreve
a la luna a cortejar,
y las dos como señoras
se ponen a conversar.
Tales son mis pensamientos,
cuando me pongo a mirar
la belleza que destilan
estos campos de Aguilar.

Aguilar, noviembre y diciembre de 1985

Te busco, Señor, desde hace tiempo

Yo te busco, Señor, desde hace tiempo
en la tierra, en el aire y en el fuego;
te perdí, no sé cuándo, sin razones,
y por más que te busco no te encuentro.
Ausculto con cuidado las estrellas
para ver si te hallo allá en el cielo;
la grandeza infinita que contemplo
me deja con espíritu perplejo.
¡Ayúdame, Señor, quiero encontrarte,
para ser tu discípulo de nuevo!
¡Ayúdame, Señor, dame tu fuerza,
para en verdad vivir el padrenuestro!
¡No viniste, Jesús, a darnos dogmas,
sino modo de vida con tu ejemplo!
Muchas veces seguí otros caminos,
que no fueron cumplir el evangelio.
¡Necesito, Señor, tener tu imagen
bien grabada en mi alma y mi cerebro!
¡No tengo que buscarte en las estrellas,
ni en la infinita cúpula del cielo;
he de buscar tu rostro cada día

en los pobres, parados y sin techo!
¡Las personas humildes y sencillas
son tu mejor sagrario, son tu templo!

El Vacar, 15 de septiembre de 2020

Te imagino entre las flores

Te imagino entre las flores
que cultivo en mi jardín.
En las rosas veo tu rostro
de precioso querubín.
En los claveles tu cuello
con rubor de serafín.
En los príncipes tus ojos
que me dejan sin vivir.
En las celindas tus manos
con olores de jazmín.
En las gardenias tu boca
con perlitas de alhelí.
En los gladiolos tus besos
con dulce sabor de anís.
En los geranios tus senos
tan duros como el marfil.
En las bignonias tu cuerpo
que me envuelve junto a ti.

Córdoba, 27 de octubre de 2020

Te mataron, Federico...

¡Te mataron, Federico,
en la vega de Granada;
las estrellas son el velo
que te sirve de mortaja!

Allá, en el valle, oculto por la tierra
que acaricia tu cuerpo acribillado,
recitas con dolor desesperado
tus versos tan contrarios a la guerra.

Tu espíritu, ligero como pluma
de paloma que anida junto al río,
recuerda nuestro humano desvarío,
flotando dulcemente entre la bruma.

Tu jaca son los rayos de la luna,
cabalgas en su grupa plateada.
Tu yegua de azabache inmaculada
que te sirve de mágica tribuna.

¡Galopas como ardiente roja llama,
ya no pueden herirte ni dañarte!
¡Volarás para siempre sin cansarte,
pues gozas de la gloria de la fama!

¡Clara como el agua tu poesía,
radiante como el sol tu sentimiento!
¡Qué profundo, qué hondo tu lamento!
¡Qué sonora, qué limpia tu alegría!

¡Tus versos el lenguaje de las flores!
¡Qué grande, qué importante tu legado,
cantor de Andalucía destacado!
¡El parnaso te rinde sus honores!

¡Te mataron, Federico,
en la vega de Granada;
las estrellas son el velo
que te sirve de mortaja!

El Vacar, 24 de marzo de 2021

Tengo mi corazón roto

Tengo mi corazón roto
y deshecho en mil pedazos;
cuando duermo no reposo,
pues mis sueños son insanos.

¡Qué triste soledad es la que siento
residiendo en el fondo de mi alma!
¡Qué amarga soledad es la que vivo
que entristece mi vida y no me calma!
¡Un mastín de dolor tomó su asiento,
dejando mi existencia ya marcada
de pena y un amargo sufrimiento!

¡Mas he de amarte!
¡He de hacerlo, pues eres primavera
que floreces los bosques y sabanas!
¡Eres el sol que alumbra mi existencia!
¡Aurora de mi vida y mi esperanza!
¡Tú calmas la desdicha que me apena
con el verde fulgor de tu mirada!
¡Te amo con la sangre de mis venas!
¡Te amo desde el fondo de mi alma!

A veces me pregunto con tristeza
si mi amor es también correspondido,
pues siento que mi corazón se quiebra,
cuando veo tu cuerpo tan esquivo.
Tus miradas a veces son ajenas
y entristecen a todos mis sentidos.
Al mirarme con amor me oxigenas
con tus ojos tan verdes y bonitos,
me siento un hombre nuevo ya sin penas,
con mi corazón sano, sin conflictos.
¡Te amo con la sangre de mis venas!
¡Te amo con amores cristalinos!

Córdoba, 3 de enero de 2020

Trini, mi esposa y compañera

Me enamoré de ti, mujer, cuando mis pupilas se bañaron en las esmeraldas de tus ojos; cuando acaricié tus cabellos libres y sueltos como los juncos que se balancean junto al río; cuando cogí tu mano sin anillos ni pulseras de pandora y sentí tu piel pura y natural sin la falsa suavidad de las artificiales cremas; unas manos curtidas por el diario trabajo de sostener una familia y una casa con la única ayuda de tu corazón y de tu alma. Tus senos, como sensuales fuentes, siempre me atrajeron con pasión.

Fuerte ante la adversidad, trabajadora infatigable. Reservada en tu expresión. Más bien tímida y retraída en el encuentro personal, pero cuando otorgas tu amistad eres fiel y leal a la misma, entregando tu persona sin guardar nada para ti. Personalidad propia que no se deja manipular ni llevar por los vientos más sonados, ni por las corrientes más impetuosas. Reservada en tu opinión, respetas la de los demás sin que jamás profieras insultos ni palabras malsonantes.

Creativa en la cocina y en las labores de croché. Tus platos son muy apetitosos y nutritivos: el gazpacho de harina de haba, las croquetas y albóndigas tanto de carne como de pescado, las patatas guisadas, el potaje de habichuelas pintas... Tal vez tu mejor plato sea la tortilla de patatas con cebolla. Suculenta y apetitosa, muestra tu maestría en el quehacer de los fogones, sartenes y pucheros; hay que poner un pero y es tu amor por la sal. Tanto la amas que, en algunas ocasiones, este amor, casi siempre privado y en secreto, se torna demasiado público y ostensible. Las habas verdes, los hinojos, las alcachofas, el aceite de oliva y la fruta son tu comida preferida. Productos típicos del campo, tal como eres tú, mi esposa y compañera.

Aunque no dibujas, ni cantas ni tocas instrumentos musicales, tu inspiración artística se muestra en las braguitas, patucos, peleles, gorros, baberos y vestiditos que has creado con tus manos y la aguja. Pueden competir en belleza, perfección y elegancia con las mejores muestras de tiendas especializadas. Tus nietos y otros niños y niñas han podido disfrutar del fruto de tus manos.

Ahora, que la tarde ha llegado a nuestra vida y que estamos solos, pues los hijos se han marchado, es necesario que estemos más unidos y que avivemos el fuego que encendimos hace tantos años. Yo te quiero, porque eres mi esposa y compañera; te necesito, pues ya sabes que sin ti soy como fuente sin agua y como noche sin luna. Te pido seas comprensiva y paciente con mi falta de fuerzas y mi debilidad. Un día llegará en que los dos, unidas nuestras manos, un último paseo daremos, unidos para siempre.

Córdoba, 19 de abril de 2019

Último adiós a mi tío José Manuel

Entre la niebla que cubre mi memoria,
como la pátina verde los metales,
rememoro mis vivencias infantiles,
donde siempre he conservado tu hospedaje.

Aunque estabas lejano en la distancia,
como las casas perdidas en el valle,
en mi ilusión morabas muy cercano
y me alegraba el momento de encontrarte.

Por eso, ahora que la vida
de tus labios voló como la tarde,
y la cera amarilla de la muerte
en ti dejó su tatuaje,
quiero que mis versos te acompañen
y contigo juntos se amortajen.

Lo mismo que la niebla cubre las montañas,
sin apenas rozarlas, con celajes;
los mismo que las gotas de rocío besan
las verdes hojas de los árboles,

así mis recuerdos te acompañan
y te rinden este cálido homenaje.

Escrito en el tren camino de Madrid,
31 de enero de 1990

Vigilia nocturna

En la noche negra,
cuando ruge el trueno
que atrona el espacio
con voces de averno,
cuando gime el viento
en llanto de miedo,
cuando ni siquiera
se asoma un lucero
al manto azabache
que cubre los cielos,
me siento muy triste
y pienso en los muertos;
mis tíos, mis primos,
mis buenos abuelos,
mis seres queridos
que pronto se fueron;
me quedo despierto,
mi mente cavila,
rebusca los huecos
que están escondidos
allá en mi cerebro,
y pasa mi vida
como en un espejo.
Siento gran pesar
en este recuento.

Veo los errores,
también los aciertos;
pasean desnudos
todos mis anhelos,
mis ansias, mis luchas,
todos mis deseos...
Amar a mi esposa,
marcharnos muy lejos,
los dos muy juntitos
para comprendernos;
querer a mis hijos,
darles el sustento;
que crezca su espíritu,
que crezca su cuerpo;
que amen, que sirvan
en todo momento
a cualquier persona,
no importa su gesto,
su raza, su cuna
o su pensamiento,
y, si lo merecen,
que ocupen un puesto
para que realicen
su mejor proyecto.
Ser buen profesor,
ser siempre maestro;
trabajar feliz,
alegre y contento
de amar, de ayudar
en todo momento,
a cualquier alumno
que busque consejo.
Todo lo anterior

es sólo un bosquejo
de aquello que guardo,
y en mi alma tengo
un tanto escondido,
como fiel secreto;
y en la noche negra,
cuando ruge el trueno
que atrona el espacio
con voces de averno,
cuando gime el viento
unido a la lluvia
en llanto de miedo,
cuando ni siquiera
se asoma un lucero
al manto azabache
que cubre los cielos,
me siento muy triste
y sobre ello pienso.

Reina Sofía,
madrugada del 27 de febrero de 1986

Volcán de amor

Me desperté con el cuchillo azul de la mañana, que incendiaba la rosada palidez de la aurora. Desde el lecho, lo vi surgir de la nada lentamente, como una inmensa bola de oro fulgente. Las estrellas, trémulamente puras, desaparecían asustadas en el éter, huyendo del limpio azul que las cegaba. Los gritos del silencio jugaban con los vapores matutinos que temblaban y se transformaban bajo los débiles e inaudibles quejidos del viento que jugaba entre las verdes hojas de los árboles. Las madreselvas, cuajadas de rocío, lloraban colgadas de los muros de tu ventana, derramando sus cristalinas y transparentes lágrimas. El sueño dormía en brazos de la vida que se había despertado.

Fue entonces cuando cogí tus manos de violeta, lívidamente pálidas, y suavemente acaricié tus dorados cabellos con ternura. Lirios de blanca nieve crecían en tu boca y me alimenté de las encendidas rosas de tus labios con amor apasionado. Tu cuerpo exhalaba aromas de azucenas y el aura de tu talle me embriagó. Cerezas de encendida corteza estallaron en el aire. El orbe entero se incendió con las rojas llamaradas del volcán de nuestros amor...

Te amé como nunca te había amado. Las lianas de tus brazos me atrajeron a tu seno y los dos bailamos al compás, mientras una lava ardiente corría por nuestras venas y quemaba nuestra piel.

Apagué mi sed, pues me bañé en el lago de tus ojos esmeraldas. El cuchillo azul hería dulcemente la ingenua frescura de la mañana.

Nada existía... Sólo tú y yo fundidos para siempre.

Reina Sofía,
madrugada del 26 de febrero de 1986

Volverán las preciosas gitanillas

Volverán las preciosas gitanillas
de tu patio sus flores a colgar,
pero aquellas que sintieron envidia
al mirar tu belleza al caminar,
aquellas que marchitaron sus raíces
jamás florecerán.

Volverán las rojizas amapolas
de los trigos volverse a enamorar,
pero aquellas de pétalos de seda
que bailaban al viento sin parar,
aquellas que alocadas los besaban
gozosas morirán.

Volverás de nuevo a enamorarte
buscando un compañero a quien amar,
pero, aunque yo esté muerto bajo tierra
y mi voz ya no puedas escuchar,
te cantaré mil versos silenciosos,
pues te amo de verdad.

El Vacar, 18 de mayo de 2021

Vuelo sobre la campiña cordobesa

El cielo se viste de tules cristalinos. El aire es fresco besado por el céfiro matutino. La campiña está preñada de verdes esperanzas.

Hoy siento latir profundamente mi corazón; mi cuerpo se vuelve ligero como una pluma y se eleva por el aire, flotando sobre las lomas esmeraldas como águila señera que vigila sus dominios.

¡Qué serena belleza! ¡Qué intensa emoción recorre mi alma!

Una blanca estela de pueblos se despliega ante mi vista, brillando luminosa bajo los rayos del sol: Espejo surge con su ducal castillo como una nívea pirámide rodeada de olivos. Montemayor se asemeja a una alba tortuga coronada. Fernán Núñez, como un pan blanco nacido del trigo de sus campos sudorosos. ¡Qué dorada y preciosa veo a Montilla, apenas asomada al mirador de su vides malaquitas! Aguilar descansa, acostada entre las lomas, junto a su hermosa laguna de Zóñar.

Continúo mi vuelo hacia el sur acariciado por el silbo de los aires sonorosos que acarician las plumas de mis alas. Dulces aromas de membrillo me señalan que vuelo sobre el febril Puente Genil. Giro hacia el este y Lucena me aparece como una blanca alfombra tendida a los pies de su Virgen de Araceli. Vuelo sobre el santuario y ¡qué maravilloso panorama se extiende alrededor! Lomas, cerros y hondonadas conforman una vista impresionante.

Me acerco a Cabra, que ríe y canta como el agua de su río y de su cristalina fuente. Asciendo por los aires y rodeo el blanco santuario de la Virgen de la Sierra. ¡Qué navas tan umbrosas contemplo en sus alturas! Unas fuertes ráfagas de viento me alejan hacia el sur. Apiñada en una loma, blanqueando como un lirio, distingo a Rute. Olores de canela y chocolate, de anisados y pestiños, me envuelven con su aroma embriagando mis sentidos. Muy cerca diviso a Iznájar, que orgulloso se levanta muy cerca del espejo plateado de las aguas de su lago.

¡Qué hermosos son los paisajes que contemplo! Los olivos formando largas hileras que se cruzan y entrecruzan formando un intrincado laberinto. Las verdes alfombras de trigales, las tierras albarizas, las rosadas canteras de mármol en los peñascales egabrenses, los lagares y cortijos, que como blancas motas en el verdor de los cultivos visten a los campos de un bonito traje de lunares...

Me elevo aún más arriba. Rozo los tenues celajes de los cirros. Las lejanas sierras cenicientas, los prieguenses cerros ocres y azules, la altiva y escarpada Tiñosa, que, airosa, se levanta sobre las lomas de olivares, los arroyos que verdean con sus corbatas de plata... Todo se va difuminando bañado por los cálidos vapores de la húmeda tierra que respira. Las agrestes montañas no parecen tener elevación. Así son —pienso para mí— los humanos avatares; moles gigantescas, observadas desde abajo; simples colinas vistos desde otras perspectivas...

¡Qué silencio tan sonoro!

¡Qué paz tan serena y sosegada!

¡Qué murmullo tan dulce y rumoroso!

Cuántas veces, cual águila avizora, he volado sobre vosotros, ¡campos de Córdoba! ¡Verdes olivares, oscuros encinares, viñedos esmeraldas, alfombras de trigales, campiñas de esperanza, agrestes montañas azuladas! En mis ojos de águila, con corazón humano, se han sembrado para siempre la vid, el trigo y los olivos.

¡Tierras de Córdoba, formáis parte de mi ser!

Aguilar, 28 de abril de 1986

Y yo que te quiero tanto

Un acero de silencio.
Un puñal de indiferencia.
Una daga de nostalgia.
Un témpano de amargura...
Y yo, que te quiero tanto...
El silencio de tus labios.
La luna de tu mirada.
El hielo de tu palabra.
La lejanía de tu rostro...
Son espadas que se clavan
en el fondo de mi alma.
Y yo te necesito tanto...
Sin ti soy fuente sin agua,
noche sin luna,
firmamento sin estrellas,
canción sin melodía,
fuego sin brasas,
vida sin destino...
Y yo, que te quiero tanto, te necesito tanto...
Mírame con tus ojos de esperanza.
Háblame con tu voz de primavera.
Sonríeme con las flores de tus labios.
Abrázame con tu cuerpo sonrosado.
Tú lo sabes. Yo, te quiero tanto...

Reina Sofía,
madrugada del 20 de enero de 1986

Índice

www.ingramcontent.com/pod-product-compliance
Lightning Source LLC
LaVergne TN
LVHW041228150826
845673LV00005B/1322
9788410076181